愛してる介護

株式会社ハートコンサルタント代表取締役
正村直美
MASAMURA Naomi

文芸社

目次

第三章　グループホームとの出合い

第四章　おひさまのような老人ホーム創設

プロローグ

「おばあちゃん、私、百貨店のエレベーターガールになって、いい人見つけて結婚するね」

私は意気揚々と祖母に報告しました。

「男は度胸、女は愛嬌。女のいちばんの幸せは素敵な男性と結婚すること。すべて旦那さんしだいなんだから」

幼い頃から、こう祖父母に言い聞かされて育った私。夢は可愛いお嫁さんになることでした。

祖母も、エレベーターガールになるという私の決断を喜んでくれる、と思いこんでいたのです。ところが、まったく予想外の返事が――。

「それはダメ。直美はいつも私に優しくしてくれたから、その優しさをたくさんの方々に伝える仕事につきなさい。福祉の世界に行きなさい」

「えっ？　福祉って？」

時代は昭和、私は福祉のことなんて何も知らず、介護という仕事があるのさえ知りませんでした。けれど、大好きな祖母に背中を押され、たまたま寮母さんを募集していた特別養護老人ホーム「愛知たいようの杜《もり》」の面接を受けることになったのです。

今は介護士と言われていますが、昭和六二（一九八七）年当時は、お年寄りの介護をする人は「寮母」と呼ばれていました。


そして面接当日、小さな喫茶店のドアを開けると、二人の男性が待ち受けていました。手招きされ、私は腰をおろしました。

一人は背広姿、もう一人はグレーの作業服を着ていました。私はてっきり背広の男性が「愛知たいようの杜」の理事長だと思い、その人の目をじっと見つめました。

ところが、意外にも隣の作業服の男性が質問する形で面接は進みました。

「あなたがうちに入ったら、うちにはどんないいことがあるかな？」

「私はお年寄りと一緒に裸でお風呂に入って、裸のおつきあいができます」

私は笑顔で、胸を張って答えました。

お年寄りのお世話をするということは、昔の銭湯のようにおばあちゃんの背中を流したり、身の回りのお手伝いをすることなのかと思っていたのです。

作業服の方は顔をほころばせ、やわらかなまなざしでこうも聞きました。

「あなたは、おじいちゃんやおばあちゃんと暮らしたことがありますか？」

「はい。小学四年生まで一緒に暮らしていました」

私には、介護の経験も知識もまったくありませんでした。でも祖父母との暮らしを通して、知らず知らずのうちに、お年寄りをいたわる気持ちや困っている人を助けたいという思いが、私のなかで、はぐくまれていったようです。

祖母にはそれがわかっていたのでしょう。私の進むべき道をしっかり指し示してくれました。この慧眼には、感謝するばかりです。

しかも本当に幸運なことに、この面接で私は人生の恩師と出会えたのです。

そう、作業服の男性、吉田一平さんです。

その頃、一平さんは幼稚園を運営されており、社会福祉法人「愛知たいようの杜」を設立したばかりでした。そして、愛知県長久手市に特別養護老人ホーム「愛知たいようの杜（以後たいようの杜）」を新設するにあたり、寮母を募集したというわけです。

一二名の求人に対して、応募者は倍の二四名。県内だけではなく、三重県の伊勢志摩など、県外からもかなりの応募があったようです。一平さんは、親を見ればその子がわかるという信念のもと、二四名全員の家庭訪問を敢行したのです。

その行動力や徹底ぶりには感服するしかありません。もちろん、名古屋の我が家にも来訪されました。母は採用になったと勘違いして大歓迎。でも一平さんは家にあがることはなく、玄関先でしばらく言葉を交わすと帰っていかれました。

何がよかったのかは謎ですが、私はめでたく寮母に採用され、高齢者福祉の世界に飛び込むこととなったのです。

これがご縁の始まりです。

それから三十余年、尊敬してやまない一平さんの背中を追いかけ、がむしゃらに突っ走ってきました。

ふと気がつくと、私は、三つの有料老人ホーム、障害者グループホーム、二つの保育園の経営者となっていたのです。これからオープン予定の施設もあり、さらに夢はふくらみます。

中庭に出て周りに建ち並ぶ施設を見渡すと、なんと遠くまで来たものだと、感慨深いものがあります。私が寮母になったとき、こんな未来が待っているなんて想像だにしませんでした。

むろん、私一人の力でここまで来るのは不可能でした。今の私があるのは、一平さんをはじめ、たくさんの出会いと周りの方々の温かいご支援のおかげです。

そこで皆様に感謝の気持ちをこめて、ちょっと型破りな私の介護道を率直に綴ってみようと思い立ちました。

拙い文章ですが、最後までおつきあいいただければ幸いです。

第一章　おばあちゃん愛のルーツ

両親がラブラブすぎて？

私の育った家庭は一風変わっていました。両親がそろっており、同じ名古屋市内に住んでいたにもかかわらず、私と一歳年上の姉は、幼い頃から母方の祖父母に預けられていたのです。

母はキャリアウーマンのはしりのような人で、市場の中でお菓子屋を経営していました。お菓子といっても駄菓子ではなく、贈答品に使うようなちょっと高級なお煎餅やあられなどを販売していました。

六時頃市場が終わると、母は祖父母宅に帰ってきます。ここまではいたって普通なのですが、サラリーマンの父が八時か九時頃迎えに来て、車で三〇分ほどの自宅に、二人だけで帰ってしまうのです。

「一緒に帰りたい！」

私たちはいつも泣いて訴えましたが、聞き入れてはくれませんでした。週末だけは連れて帰ってくれるものの、月曜日の朝には祖父母宅に送り届けられ、平日は祖父母と暮らすのです。

父は、郷ひろみさんと加藤茶さんを足して二で割ったようなイケメンで、母が父にぞっこんなのは娘の目から見ても明らかでした。夫婦仲がよすぎるのも考えものかもしれませんね。

このように、幼少時代は悲しく寂しい思いをすることが少なからずありましたが、祖父母が優しくしてくれましたので、幸せな日々ではありました。離れに住んでいた当時独身の叔父も、「ぼくが直美たちのおむつを替えてやったんだよ」と今でも言うほどかわいがってくれましたし、嫁いだ叔母もよく遊びに来ていたので、いつもにぎやかでした。

母は四人兄弟で仲がよく、ことあるごとに祖父母宅に集まり、丸い大きなテーブルを囲んで食事をするのが常でした。

祖母の料理は滋味深くて、本当においしかったです。なかでも私はかぼちゃの煮つけが大好物でした。鰹節を削り、丁寧にだしをとった祖母のかぼちゃの煮つけは、ほくほくと甘辛くて天下一品でした。それだけでご飯を二杯食べられるほどです。祖父においしいものを出すのが、祖母にとって何よりの幸せだったのです。

だしはきちんと鰹節を削ってとる、ナスを煮るときは干しエビを入れるなど、祖母流の決まりごとがあり、私は見よう見まねでこの味を受け継ぎました。いつも優しく上品で、料理上手な祖母を、私は敬愛していました。

一方、母は料理の腕は今一つで、バリバリ働くほうが性に合っていました。この母からも、大いに学んだことがあります。

母はサラリーマンの父に、経営のノウハウをよく語っていました。市場ですから、魚屋、肉屋、八百屋、金物屋、乾物屋など、さまざまなお店が並んでいます。繁盛している店もあれば、閑散としている店もあります。

母は自分なりにその原因を分析し、戦略を立てていました。

「あの店が廃れたのは、お客様のニーズをしっかりつかんでいなかったからよ」

「あの店は従業員の教育が行き届いているし、見せ方がうまいよね」

「事業に借金はつきものよ。それは投資なんだから、借金じゃないのよ」

こんな母の言葉が自然に耳に入ってきて、私は事業とか経営というものを身近に感じていたのかもしれません。

祖父母の愛を感じた日

その頃の私のいちばんの願いは、なんとかして厳しい祖父に気に入られることでした。

祖父は昔気質の人で、軍隊で数学を教えるほど優秀だったようです。当時はまだ、長男信仰、男尊女卑などの風潮が色濃く残っており、祖母はそんな祖父に素直に従っていました。私たちは昔風の価値観で育てられたのです。

たとえば食事をするときも、まず祖父が口をつけてから食べ始める、祖父にだけもう一品おかずがつく、というのが暗黙のルールになっていました。

祖父は常々こう言っていました。

「男はいい大学に入らんといかん。女は勉強なんかする必要はない。家事さえしっかりできて笑顔があればいいんだ。旦那さんしだいで人生が変わるから、いい人を見つけるんだよ。恋愛と結婚は別だからな」

幼い私は、知らず知らずのうちにその価値観に染まっていき、いい方に巡り合い、家事のできるお嫁さんになることを夢見るようになりました。

ところが、そう言いながらも、祖父は私たちの学校の成績を気にかけていたようです。私が小学校の低学年の頃だったでしょうか、今でも忘れられない事件（？）が起こりました。

祖父母と姉の明美、私が茶の間にいたとき、何かの拍子に祖父がこう言ったのです。

「わしは明美が大好きだ。明美は頭がいいから。直美はバカだから嫌いだ」

実際、かなり成績がよかった姉は、祖父にかわいがられていました。私は勉強より遊ぶのが大好きで、祖父に好かれていないことは子ども心にも薄々感じていました。でも、「嫌い」とまで言わなくても……。大きなショックを受け、涙があふれました。

そのとき、祖母がかばってくれたのです。

「いいや、直美は優しいから、私は直美が大好きよ」

この言葉にどれほど救われたことか。このとき、祖母を幸せにしてあげたいという気持ちが心の奥底からこみあげました。おばあちゃんへの私の愛がより強固なものとなったのです。

一方で、祖父には苦手意識を持ってしまいました。なにしろ、はっきり嫌いと言われてしまったのですから。

姉のようにかわいがってもらうには、どうしたらいいのだろう。祖父に喜んでもらえることをしなくてはと、祖父の肩をもんだり、率先して片づけたりしました。

親族が集まっての食事の際にも、お酒を運んだり、いらない食器をさげたり、祖父の好きな演歌を歌ったり、子どもながらこまめに動き回りました。私なりに精一杯努力したのです。

こんな私を、「直美は要領がいいな」「いい子ぶってるね」などと、叔父や叔母はからかいます。今度はその言葉に傷ついて、泣いてしまうこともよくありました。

二人だけの世界を作って、私たちを立ち入らせないようにする両親。祖父母宅でも、家長である祖父に嫌われたら、私には居場所がなくなります。そんな危機感があったのかもしれません。

学校に行っても、なんとなく地元の子どもたちに遠慮する部分がありました。祖父母宅は仮の宿、いずれ引っ越ししなければならないと、子ども心に感じていたのでしょう。自然に一人で遊ぶことが多くなりました。

近くに陰陽師安倍晴明を祀る晴明神社がありました。今は有名なパワースポットになっていますが当時は誰も来ない場所、その境内でもよく遊んだものです。

そんなある日、一人で近所の公園で遊んでいて、門限の六時に遅れてしまったのです。

——しまった。おじいちゃんに叱られる。

私は植え込みに隠れて、そっと家の様子をうかがいました。すると、私を嫌いと言っていた祖父が、「直美、直美」と大声で叫びながら、必死に私を捜していたのです。

本当は愛してくれていたんだ、こんなに心配してくれていると、びっくりしました。

祖父の深い愛情を感じて、それまでちょっと敬遠していた私は深く反省しました。こっそり家に帰り、とっくに帰っていたようなふりをしたのです。私の顔を見たときの、祖父のほっとした表情が忘れられません。

今思うと、お年寄りへの信頼や敬愛の念、喜んでもらいたいという思いは、このような経験を通して静かに私の中に根付いていったのかもしれません。

困っている人を助けるのはあたりまえ

私が小学四年生のとき、金沢に住んでいた長男の伯父が家族を連れて名古屋に戻り、祖父母と同居することになりました。そこで、私と姉はようやく両親とともに暮らすことになったのです。

ある日、家の近くでドーンと大きな音がしました。

「あっ、交通事故だ！」

私は母と飛び出しました。

交差点で血を流しながら倒れている人が見えました。大人たちは、その人を取り囲んで、こわごわのぞき込んでいます。

「何をしてるんですか。早く救急車を呼んでください」

私はこう言うなり、血だらけの方を抱きかかえ、大声で呼びかけました。

「だいじょうぶですよ。しっかりして！」

救急車が来るまで、私はずっと声をかけ続けました。なんとか助かってほしいと、子どもながら必死でした。

救急車がその人を乗せてサイレンを鳴らしながら走り去っていったとき、母が目を丸くして言いました。

「あんな血だらけの人を、よく抱きかかえられたね」

私は命を助けること、自分にできることをするのは、あたりまえのことだと思っていました。怖いとか気持ち悪いなどという感情はまったくありません。

たまたま遊びに来ていてその場面を見ていた祖母も、驚いていました。

後日、救急隊の方から「あのとき、あなたが声をかけ続けてくれたから、命が助かったんだよ」と感謝され、心底うれしく思いました。

また、祖母と二人で出かけたときのこと、四車線ほどある大きな交差点で、白杖を持った目の見えない方が、横断歩道を渡っていました。先に渡り切って振り返って見ると、白杖の方は真ん中あたりで立ち往生しています。そのとき、青信号が点滅し始めました。

危ない！　助けないと――。

私はすぐさま祖母に声をかけました。

「おばあちゃん、ちょっとここで待っててね」

小走りで引き返し、とっさに「どうぞ」と、その方の手を自分の肩に乗せました。学校で視覚障害の方の誘導の仕方を習ったのを、思い出したのです。

私は信号が赤に変わるのもかまわず、その方の歩調に合わせて、歩道までゆっくり歩きました。

祖母は、私が車にひかれないか、命が縮む思いをしたのでしょう。

「人助けはりっぱなことだけど、危ないから二度とこんなことはしないで」

「だいじょうぶ、だいじょうぶ」

私はへっちゃらでした。怖さより助けたいという気持ちが勝ってしまうのです。

私にとっては自然な行為でした。

祖母は、心臓の発作を起こして倒れたことがあります。家の離れに住んでいた叔父が、突然会社を辞めてアメリカに行くと言い出し、そのショックで心筋梗塞を起こしたのです。とても優しくて親孝行な叔父でしたので、心配と寂しさで胸が引き裂かれるような思いだったのでしょう。

祖母はいきなり尻もちをついて、ハアハアと苦しみ始めました。このとき、祖父と姉がパニックになるなか、私は懸命に「おばあちゃん、だいじょうぶ？　だいじょうぶ？」と、背中をさすり続けたのです。

私は、子どもの頃から苦しんでいる人や困っている人を見たら、放ってはおけない、駆けつけずにはいられない性格でした。

こんな私を理解していたからこそ、私が進路を決める際「その優しさを生かして福祉をやりなさい」と、祖母はすすめてくれたのでしょう。

この祖母の一言によって、私は百貨店のエレベーターガールから「たいようの杜」の寮母へと、大きく舵を切ったのです。

第二章　それ行け！　介護

山のてっぺんにぽつりとホームが

「たいようの杜」は、山のてっぺんにありました。今でこそ開けて、住宅や幼稚園、専門学校などが建っていますが、三十数年前は、周りは山、また、山。手つかずの自然がそのまま残っていました。石がゴロゴロしている獣道のような細い山道を、えんやこらと登っていったものです。

理事長の吉田一平さんは、先祖から受け継いだ雑木林の中に、お年寄りが自宅のようにゆったりくつろげる施設をという願いをこめて、「たいようの杜」を作ったのです。

私が寮母となったのは、昭和六二（一九八七）年春のことでした。満開の桜と木の香りが漂うログハウスのような建物に迎えられ、介護道の第一歩を踏み出したのです。

ただし、建物はできていたものの、入居者もサービスの内容も何も決まっていませんでした。受け入れ態勢はできていなかったのです。

採用された一二人は、皆未経験ながら立ち上げから携わることになりました。これはとても貴重な経験でした。

「これから忙しくなりますので、君たちには寮暮らしをしてほしい。願いどおりの寮を作るから、希望があれば遠慮なく言ってください」

この一平さんの言葉に、私たちはメルヘンチックな女の子らしい注文をつけました。

「赤い屋根にしてください」

長久手市の一平さんの自宅の前に、可愛い寮が完成しました。

六畳ぐらいの個室にトイレとお風呂、ミニキッチンがついています。私たちは毎日顔を突き合わせて、ユニフォームをどうするか、どんなふうにやっていくか話し合いました。

福祉の概念も知らず、お年寄りの介護なんて初めてという素人集団でしたが、全員まだ若く、怖いもの知らずでした。何もわからないなりに「行くぞ！　やるぞ！　介護！」と、意気込みだけは燃え盛っていたのです。

まずは現場を知らなければと、二つの特別養護老人ホームで、二週間ずつ研修を受けることになりました。

一つは伊良湖の海側にあり、広々したキャベツ畑の中にぽつんと建っていました。もう一つは街中にあり、四階建てのビルになっていました。私たちは対照的な環境にある、二つの特養で学んだのです。

街中のホームは、一階は一般棟、二階は痴呆棟、三階は寝たきり棟などと分かれており、職員さんはあわただしく行き来していました。当時は「認知症」という言葉はなく、「痴呆」と呼ばれていたのです。

一方のキャベツ畑の中のホームは、日の出とともに起きて、日の入りとともに一日が終わるというようなゆったりした時間が流れており、入居者様も職員さんものびのびしていました。私たちは皆、こちらのホームのほうに好感を持ちました。

〝環境がつくる介護というものがある〟と、このとき実感したのです。

研修の主な目的は、おむつ交換に慣れることでした。指導してくださった職員さんは、きっぱりおっしゃいました。

「三日で慣れます」

この言葉どおり、はじめはにおいが臭くて息を止めるような感じでしたが、徐々に慣れていきました。そのほか、入居者様がむせたり誤嚥されたりしないように「かみかみごっくん」というリズムで食事介助をするコツも学びました。

こうして、私たちは現場の空気に触れて、基本的な介護の仕方やお年寄りとのコミュニケーションの取り方などを習得していったのです。二週間ではありましたが、中身の濃い充実した研修でした。

続いて、「たいようの杜」に入居を希望する方々やご家族との面接を、手分けして行いました。介護保険制度がなかった時代ですから、役所の方と一緒にご自宅や入院先にうかがい、どのような介護サービスを求めていらっしゃるのか、一人ひとり聞き取っていったのです。

ユニフォームは、カントリー娘のイメージで、ポロシャツとサスペンダー付きジーンズに決まりました。ポロシャツにしたのは、「やっぱり襟がないと入居者様に失礼よね」という意見が出たからです。そのシャツには、「たいようの杜」という施設名とともに、ヤギやチャボと遊ぶ寮母の絵が描かれていました。

というのは、ホームは半円状に建てられており、広い中庭でヤギやチャボを飼っていたからです。またその中庭の周りに流れている小川には、アヒルもいました。

人生の最後の時間を、豊かな自然と動物に囲まれて「生きていてよかった」と思いながら暮らしていただきたい――。そんな一平さんの願いが、至るところにあふれている施設でした。

手探りの介護が始まった

その年の秋、五〇人の入居者様を迎えて、いよいよ特別養護老人ホーム「たいようの杜」はスタートしました。

「ぬくもりのある我が家のようなホームにしたいと思っています。入居者様のことは、杜人《もりびと》さんと呼んでください。自分のおばあちゃん、おじいちゃんと思って、できるだけ一人ひとりの気持ちに寄り添うようにしてください。画一的な介護はいけません。君たちがそれぞれ異なる個性を持っているように、杜人さんたちも、一人ひとり違うのだからね」

一平さんが最も大切にしていたことは、いかなるときも杜人さん本位にして寄り添うこと。その方が何をしたいのか、どんな希望があるのかを汲み取って、幸せを感じていただけるように接するのです。

けれど、杜人さんは、こうしたい、ああしてほしいと、直接言葉に出しておっしゃらないことが多々あります。日々しっかり観察して、心の奥底にある願いや寂しさ、不満などをすくい取らなくてはなりません。それは、新米寮母にとっては、なかなか難しいことでした。

一日の仕事が終わって寮に帰ると、私たちは集まって、どうすれば杜人さんたちに満足していただけるか、熱心に話し合いました。弱音を吐く人は誰もいません。皆、寮母としてできるだけのことをしたい、という思いでいっぱいでした。

杜人さんの状態は、元気な方、認知症の方、寝たきりの方など、さまざまでした。圧倒的に女性の人数が多く、男性は一割ぐらいでした。

当時は四人部屋が普通で、元気な方も認知症の方も同室です。半年か一年に一度、部屋替えをしていました。

おむつ交換の必要な方は、半分ぐらいいらっしゃいました。

その頃は布おむつがあたりまえで、高価な紙おむつは、運動会など特別な日のみ使用が許されていました。

日中は、二時間おきにおむつ交換をしなければなりません。尿が漏れるとシーツまで替えなければいけないので手間も時間もかかります。なんとか濡れないようにしなければと、私たちは試行錯誤を重ねました。その結果、おむつの中に一枚、防水布をはさみこみ、その方に合った巻き方をすることで、シーツへの尿漏れをかなり軽減できるようになりました。

また、布おむつの洗濯については、私たちは便の処理をして漂白剤につけておくまでが仕事です。それを洗濯して干し、乾いたら杜人さんたちがたたんでくださるのです。何かの役割を持つことは、杜人さんの張り合いになると同時にリハビリにもなる、というのが一平さんの考えでした。

おむつ交換に慣れるにつれ、私は便のにおいでその方の体調の良し悪しまでわかるようになりました。体調が悪いときは、なんとも言えない臭いにおいがしました。硬くてコロコロしているときは、ちょっと水分不足です。それを看護師さんに伝え、皆で共有するようにしていました。

私たち寮母は二人ずつ組んで、早番、日勤、遅番、夜勤、夜勤明け、休みというシフト勤務でしたので、全員がそろう時間はなかなかありません。日々の引き継ぎや情報の共有は、欠かせない仕事の一部でした。

早番の勤務時間は、午前六時半から午後三時半まで。退勤前の一時間ほど、杜人さんたちと一緒に、中庭の掃除や動物たちのエサやりなどをします。レンガタイルを敷き詰めた中庭は、ベンチで日向ぼっこをしたり、可愛いヤギやアヒルたちに話しかけたりと、杜人さんの憩いの場となっていました。ただ、動物たちは遠慮なくタイルに糞をします。

汚れた中庭の掃除は、杜人さんにとっては楽しみの一つであり、リハビリでもありました。

日勤は午前九時から午後六時、遅番は午前一一時から午後八時までです。遅番の人は夜の入浴介助と就寝介助を行います。パジャマに着替えていただき、おむつをちょっと分厚くして就寝へと導くのです。この作業はさほど苦ではありません。

いちばん辛かったのは、やはり夜勤でしたね。午後四時半から翌朝九時半までの勤務で、交替で仮眠をとるとはいえ、若い私たちも疲れました。

認知症の方のなかには、皆さんが寝静まった頃に、興奮して大声を出したり、歩き回ったりする方もいらっしゃり、その対応に追われているうちに、夜が白々と明けてきます。

夜勤は、午前六時ぐらいから全館を回り始めます。七時半頃に始まる朝食に間に合うように、一人ひとり着替えていただき、トイレにお連れしたり、おむつ交換をしなければなりません。これが大仕事でした。

なかには、便を食べたり壁になすりつけている方もいます。私はそれまで認知症の方と触れ合う機会がなかったのでびっくりはしましたが、汚いという感覚はありません。どんなときも杜人さんに寄り添う、という「たいようの杜」の理念を忠実に実践することしか頭になかったからです。

こんなときは当然、お風呂場にお連れして、便を洗い落とさなくてはなりません。でも、認知症の方に「さあ、お風呂場に行きましょう」とお声がけしても、行くはずもなく、その方の状況に合わせて、機嫌よく行っていただく工夫をしました。

便を食べていらっしゃったら、「おいしい？　そう、おいしいんですね。そうですね。行きましょうね」などと同調しながら誘導します。

息子さんがいらっしゃる女性の方なら「息子さんが見えて、お母さんに会いたいとおっしゃっていますよ。行きませんか？　私も一緒に行きますよ」と誘ってみます。どんな認知症の方でも、息子さんの名前を出すと耳を傾けてくださいます。

お風呂場につく頃には息子さんのことは忘れていらっしゃいますが、よい気分は続いているので、スムーズに衣服の着脱やシャワー、うがいなどを行えます。

どうにか全員の着替えやおむつ交換などをすませると、食堂にお連れして、朝食の準備をしている早番に引き継ぎます。彼女たちが神様に見えるほど、くたびれ果てたものです。


私は杜人さんに気持ちよく過ごしていただくにはどうすればいいか、常に考えるようになりました。「たいようの杜」では、杜人さんをせかしたり、上から言葉を発するのはご法度でしたし、そういうやり方で動いてもらおうという発想そのものがありません。

杜人さんが悲しい表情をされると私たちも悲しくなります。喜んでいただけると私たちも幸せな気分になります。私たちは、いつも笑顔になっていただけるような介護を目指したのです。

そのため、杜人さんにはできるだけ自由に生活していただき、お風呂にも楽しく入っていただけるよう、寄り添う介護を心がけていました。

介助が必要な方は昼間、自力で入れる方は夜、入浴することになっていました。私は面接のときに言ったように、夜は杜人さんと一緒にお風呂に入って、背中を流したり、おしゃべりをしたり、裸のおつきあいをしていました。

「じゃあ、おやすみ」

こう言って、皆さんニコニコしながら部屋に戻られます。

こうして、半年、一年と過ぎるうちに、寮母の仕事にも慣れてきて、私はテキパキ動けるようになりました。当時、そして今でも、介護職はキツイ・キタナイと言われ、重労働です。でも、そのぶんやりがいも感動も大きく、皆さんが喜んでくださるのがうれしくて、毎日張り切っていました。

私はもともと世話好き、楽しいことは大好きです。施設のレクリエーションやお誕生会、七夕会、クリスマス会などを率先して企画し、懸命に盛り上げていました。

プライベートも充実していました。なにしろみんなそろって若かった！　仕事が終わるとおしゃべりに花を咲かせ、おいしいものに舌鼓を打ち、カラオケで夜明かしすることもありました。

車の運転もおまかせあれ。真っ赤な四輪駆動にみんなを乗せて、夜勤後、御嶽スキー場まで走ることもしばしば。元気いっぱいの私たちは、青春も謳歌していました。

一平さんの言葉に「遊びをせんとや生まれけむ」という名言があり、それを忠実に守っていたのです。

自分がハッピーでなければ、他人にも優しくできません。仕事もプライベートも、私たちは全力で楽しんでいました。

このときの仲間とは、今もステキな交流が続いています。

新米寮母の奮闘！

杜人さんたちは、人生の大先輩です。個性豊かな皆さんから学ばせていただいたことが、多々あります。今でも心に残るエピソードをいくつかご紹介しましょう！

お年寄りにはお肉！

「たいようの杜」では、朝食はパンかご飯か、昼食と夕食は魚か肉かを選べるようになっていました。女性は魚好きが多く、男性は肉好きな方が多かったように思います。そのなかで、常に肉を選ぶおじいちゃんがいました。

九〇歳を過ぎていて、歯は一本しかなく、軽い認知症もありましたが、すこぶる元気でした。

「わしは肉しか食べん」

「お肉だったらなんでもいいんですか？」

「いや牛肉だ。いちばん精がつく」

　自信たっぷりに即答です。


　私は日々杜人さんの様子を観察し、経験を積むうちに、お年寄りは毎日タンパク質をとることが、非常に重要だということがわかってきました。

　若い人は肉や魚を食べると、タンパク質が体内に蓄積されていきますが、高齢者はすぐに流れ出てしまうのです。タンパク質が不足すると低栄養状態になり、認知機能も落ち、足のむくみも出てきます。常にしっかり補充しなければなりません。

　牛肉は特別の日のごちそうというイメージがありますが、安い肉でもＯＫです。ちょっとでかまいません。

　お年寄りには、ぜひお肉を！

イソジンをガバーッとかけて守った命

昭和時代の介護は、今では想像もできないようなことがしばしば起こりました。介護と看護の境界線もあいまいで、提携している医師や看護師の指示の下、私たち寮母も命を守るために奮闘したものです。

新米寮母として少し慣れてきて、私が夜勤をしていたときに、その事件は起こりました。私は相棒と夜中のおむつ交換をしていました。あるおばあちゃんのおむつを開くと、何か奇妙なものが手に触れたのです。便ではないのは、すぐにわかりました。

森の中の施設ですから、夜間は漆黒の闇に包まれています。豆電球のような常夜灯が一つついていますが、部屋はほとんど真っ暗です。おばあちゃんの枕元にある蛍光灯をつけても、それが何か判然としません。

ねばねば、ぷよぷよした感触――。

「ひょっとして……。これはちょっとまずいんじゃない？」

私たちは顔を見合わせ、直ちに看護師に電話をしました。

「たいへんです！　今、Ａさんのおむつを交換しようとしたら、何かぷよぷよした塊があるんです」

すると、看護師は驚くべきことを言ったのです。

「もしかしたら子宮が落ちたのかも」

「エーッ！　子宮が⁉」

「押し込んで戻さないと」

「エエッ！」

「だいじょうぶ。子宮脱はよくあることだから」

看護師は平然と言いますが、私たちはパニック状態です。

「ムリムリムリ、私は絶対ムリ。直ちゃんやって」

相棒は泣き出しました。

「あなたたちしかいないのよ。命にかかわるんだから、早くやりなさい！」

看護師が耳元で怒鳴ります。

私しか、いないんだ――。

私は覚悟を決めました。

「はい。わかりました」

受話器を耳にはさんで、看護師の指示を待ちます。

「手袋をはめて、イソジンで消毒して」

当時は手袋は高価だったので、何をするにも素手でやっていました。おむつ交換の際も手袋は禁止でした。その貴重な手袋をつけ、イソジンをガバーッとかけました。

「どうやって入れたらいいんですか？」

「とにかく回すように入れて。中におさまるところがあるから」

私は無我夢中で、言われるがままに子宮を押し込みました。

「入った？」

「はい。これでいいんでしょうか？」

「だいじょうぶ、だいじょうぶ。明日の朝診るから」

翌朝、看護師から「あれでよかったのよ。よくやったね」というねぎらいの言葉をもらったときは、心から安堵したものです。現代では考えられませんが……。杜人さんは明治生まれの方ばかりで、皆さん子沢山でした。産後すぐに農業をしたり、家事をしたりするのもあたりまえの時代でした。そのため、加齢によって子宮を支えている筋肉が緩み、子宮が外に飛び出してしまう方は少なくなかったようです。

私が「たいようの杜」で働いていたとき、手袋着用を許されたのは唯一このときだけです。杜人さんの感染を防ぐために、当然の処置といえます。

今の介護士は、おむつを交換するたびに手袋をつけかえています。素手でおむつ交換なんて、とんでもないことでしょう。

時代の流れを感じますね。

ネコがくれた贈り物

「たいようの杜」には、二人部屋もいくつかありました。その一部屋に、寝たきりのご主人と入居されていたおばあちゃんがいました。その方は、骨折の後遺症で足が不自由になり、杖をついて歩いていらっしゃいました。

若い頃はお茶の先生をされていたそうで、いつもお着物をお召しになって、とても上品な方でした。

けれど、たいへんなチェック魔さんだったのです。このご夫婦の部屋は洗濯場の手前にあったので、いつも朝のおむつ交換が最後になってしまうのです。私たちがご主人のおむつを交換して車椅子にお乗せすると、食堂に向かわれます。

私たちは朝食に遅れないように迅速にやっているつもりなのですが、

「来るのが遅いじゃない！」

「おむつ交換の手際が悪いわよ」

「シーツ交換までしなくていいのに。おかげで時間がかかったわ」

「シーツがシワシワじゃないの」

などと、いつもきついお小言が。

だんだんおむつ交換に行くのも辛くなり、スタッフ一同困り果ててしまいました。

「どうしたらいいのかな？」

そのとき、不意にひらめいたのです。

「そういえば、Hさんはネコが大好きっておっしゃってたわ。うちのネコを預けてみるよ」

ちょうど私は赤ちゃんネコをもらって、哺乳瓶で育てていたのです。白い雄ネコでしたが、もう普通のエサも食べられるようになっていました。何か役割を持っていただいたら、気がまぎれるかもしれない――。

翌朝、私はうちのネコ、チーちゃんを連れて出勤しました。

「申し訳ありませんが、私が働いている間だけ、この子を預かっていただけませんか？」

「エエッ！　なんで私がそんなことをしなくてはいけないの？」

Hさんは顔をしかめますが、ひるむ私ではありません。

「他に頼る人はいないんです。お願いです。この子を預かってください。お願いします！」

　私は強引に頼み込みました。

「エサはこれをやってください。トイレはここに置かせてくださいね。仕事が終わったら、うちに連れて帰りますから。ではよろしくお願いします」

　私は、チーちゃんをその方のひざの上に置くと、さっさと退散しました。

　はじめのうちこそ渋々といった風情でしたが、案の定、Hさんはチーちゃんにメロメロになり、かいがいしく世話を焼き始めたのです。

　しばらくすると、買い物に出かけるようになりました。「たいようの杜」では、二週間に一度、マイクロバスでお買い物ツアーを実施していました。ボランティアさんにデパートまで来ていただいて、杜人さんの買い物に付き添ってもらうのです。杜人さんは、お菓子や趣味のものなど、自分の好きなものを買い込みます。

　このツアーを利用して、チーちゃんのおやつやおもちゃを買うのが、Hさんの楽しみの一つになったのです。もう、頭の中は可愛いチーちゃんのことでいっぱい。トイレ掃除をしたり、ネコじゃらしやボールで遊んでやったり、忙しくておむつ交換が遅いことやシーツのシワなど、どうでもよくなったようです。

おかげで、スタッフは安心しておむつ交換をできるようになりました。気軽にお声がけするようにもなりました。

「チーちゃんのお世話たいへんですね。がんばってください」

「Hさんのおかげでチーちゃんは幸せですね」

そのたびに、Hさんは満面の笑顔です。

チーちゃんはたくさんの贈り物をくれました。Hさんと触れ合う時間が増え、笑顔のコミュニケーションが生まれたのです。

それぞれの方に合った役割を見つけ出し、生きがいをもっていただくのが、私たち寮母の務めです。

Hさんは、大好きなネコの世話を通して気持ちが前向きになり、表情もぐっと明るくなりました。ご主人との触れ合いも密になったのです。

ううう……、抱かせてくれ

そのおじいちゃんは、かつてはラブホテルを経営されていたそうです。

「おれの名前を言えば、ただで使えるよ」

などとよく冗談を言っていました。

やせていて中背でしたが、大きな手は、若い頃は背が高かったのだろうと思わせました。日中はいつも読書をしていらっしゃって、いたって紳士然とされています。

ところが、夜になると豹変するのです。低い声でこんな要求をされるので、皆困惑していました。

「ううう……、抱かせてくれ」

といってもハグするだけなのですが、さすがに夜はあまりいい気持ちはしません。

ただ九五歳のおじいちゃんだったので……。

私は相当気に入られていたらしく、夜勤のときにちょくちょくナースコールで呼び出されました。行くと、当時は旧姓の近藤でしたので、「ううう……、近ちゃん、抱かせてくれ」と迫られます。四人部屋なのに、おかまいなしです。

私は渋々応じます。

「はいはい、どうぞ。もういいですか。じゃあ、どうも」

そんなある夜、またその方からナースコールがありました。相棒が部屋にうかがうと、こう頼まれたそうです。

「近ちゃんを呼んでくれ。近ちゃんに話がある」

その頃は「抱かせてくれ」が続いていたので気が進みませんでしたが、「話がある」と言われれば無視できません。

「どうしました？」

すると、やはり例の「抱かせてくれ」が始まったのです。内心げんなりしましたが、どんなときも杜人さんに寄り添うという一平イズムが染みついていたので、お断りするという発想はありません。

「はいはい、どうぞ」

私は事務的に応じて、部屋を後にしました。

翌日——、そのおじいちゃんは亡くなったのです。ひょっとしたら「明日旅立つから」と伝えたかったのかもしれません。

同僚が、しんみりして聞きました。

「そういえば、直ちゃん、昨日の夜呼ばれてたけど、なんだったの？」

「いつもの『抱かせてくれ』だった」

「それでどうしたの？」

「はい、はいって言って、ハグして戻ってきたわ」

「そう、最期の望みをかなえてあげてよかったね。満足して天国にいかれたと思うよ」

「ほんと、大往生だったしね。直ちゃん、断らなくてよかったよ」

皆口々に、「いいことをした」と最期のハグをほめてくれました。自分の感情より杜人さんの満足を優先するのは、「たいようの杜」ではあたりまえのこと。

やはり拒否しなくてよかったと、心から思ったものです。

今ならきっと、セクハラだと大騒ぎになるにちがいありません。

介護の現場でどう接するのが正しいかは、時代背景や意識の変化に伴って、変わっていくこともあるでしょう。

いろいろなご意見があるかとは思いますが、当時の「たいようの杜」では、私がハグに応じたのは大正解だったのです。

ねえやの昼寝

「ねえや、ねえや。ちょっと来い」

私を「ねえや」と呼び、いつも気遣ってくれるおばあちゃんがいました。足取りもおぼつかない認知症の方で、私を娘か孫だと思い込んでいたようです。

私が忙しく立ち働いているのを見かねたのか、自分の布団を持ち上げて手招きします。

「ねえや、こっちに来い。疲れたろ。はよ、ここで寝ろ」

「ありがとう。でも私、仕事中だから」

やんわり断ると、おばあちゃんは怒りだします。

「そんなにがんばらんでもいい。寝ろといったら寝ろ！　はよ、はよ！」

とにかく、私のことを心配してくださるのです。

その方を傷つけないように、私は素直にベッドに横になりました。すると、おばあちゃんは私にそっと自分の布団をかけ、赤ちゃんを寝かしつけるときのように、とんとんと背中を優しくたたいてくれました。私はすやすやと夢の中……。

そのとき、どうやら一平さんが顔を見せたようです。おばあちゃんは私を起こしてはならじと、人差し指を口にあてて一平さんに「シーッ」。

一時間ほど気持ちよく眠って、

「ありがとうございました。すっかり疲れがとれました」

私が笑顔でお礼を言うと、おばあちゃんもうれしそうにうなずいています。

普通の職場なら、仕事中に昼寝をしたら上司にお目玉をくらうでしょうが、そこは「たいようの杜」。一平さんは、逆に私をほめてくれたのです。

「よくやったね。あの杜人さんのあんなに安心している顔を、ふだんは見たことがない。君はすごくいいことをしたよ」

なんて器の大きい方だろう。私は改めて一平さんの下で働けることに感謝したのです。

浸透する一平イズム

このように、一平さんの薫陶を受けて、右も左もわからなかった私たちも、杜人さんたちと楽しくコミュニケーションできるようになりました。

実は一平さんは、「たいようの杜」を作る六年前に、長久手市に「愛知たいよう幼稚園」を設立されており、保育の世界では知られた方でした。

その幼稚園は、ひたすら泥んこになって遊ぶだけ、というユニークな園です。英語だの書き方だの楽器演奏だの、あれこれ教え込む幼稚園が多いなか、「愛知たいよう幼稚園」は異彩を放っていました。

「豊かな自然の中で自然を相手に思いっきり遊ばせ、比較して評価するような教育を避ける。そして、一人ひとりの子どもたちが、かけがえのない存在として育っていけるような保育をする」というのが、設立の趣旨です。

この理念は今も変わらず、父母に圧倒的に支持され、願書申込み時には徹夜組も出るほどの人気です。

この「一人ひとりがかけがえのない存在」という理念は、「たいようの杜」にも共通しています。私は寮母になるまで、一平さんがどういう方なのか、まったく知らなかったのですが、どこまでも杜人さんに優しく寄り添う一平さんの姿に、介護の真髄を見た思いがしました。

「常にオープンに、どなたにもあいさつをしっかり丁寧にする」というのも、一平さんの理念の一つです。いつでもどんな方でも見学はウエルカム。

「どんな方でも歓迎して受け入れることが安心感につながります。スタッフ同士もしっかりあいさつができていれば、気持ちよく働けます。それによって杜人さんたちも楽しく過ごせるのです。スタッフが目をつりあげていたら杜人さんの目もつりあがりますが、スタッフが笑っていたら自然に杜人さんも笑顔になります」

たしかにそのとおりです。

なので、私たちはどなたに対しても、笑顔で元気よく「いらっしゃいませ」「こんにちは」とあいさつしていました。

あとでわかったのですが、そのなかに泥棒が紛れ込んでいたのです。お巡りさんに知らされてびっくり。でも、不思議なことに何も盗られなかったのです。「なんで？」と聞くと、泥棒はかく答えたそうです。

「すごく丁寧にあいさつしてくれて、わしを人間扱いしてくれた。そんなことは初めてで、感激して盗れなかった」

これこそ、笑顔とあいさつが持つ魔力ですね。

さらにもう一つ、外見より中身を大切にするのも、一平さんの確固たるポリシーでした。一平さんはどんなときも、どこに行くにもグレーの上下の作業服を着ていました。偉い人に会うときも変わりません。作業服だからと見下して横柄な態度をとるような人は、信頼するに値しないと考えていたからです。

経営者になると、さまざまな思惑を持った人が近づいてきます。あえて作業服で会うことによって、相手の真の人間性を見抜いていたのです。

一平さんの面接を受けたとき、未熟だった私は、服装を見てスーツ姿の施設長を理事長だと思い込みました。

今思うと赤面ものですが、表面的なことで他人を判断するのは愚かしいことだということも、一平さんから教えていただいたのです。

こんな一平イズムは、「たいようの杜」全体に、着実に浸透していきました。私たち寮母はどのように杜人さんに接すれば喜んでいただけるか話し合いを重ね、しだいに寄り添うということの真の意味や介護の本質を理解できるようになりました。

杜人さんたちは一人ひとりが自分にできることを楽しみ、生き生きと暮らしていらっしゃいました。そんな杜人さんの姿に、私まで幸せな気分になったものです。笑顔や幸せは伝播するのですね。

最初に勤めたホームが「たいようの杜」で、吉田一平さんにご指導いただいたことは、私のかけがえのない財産となりました。一平さんは、尊敬できる人生の大先輩であり、恩師であり、大好きな方です。私は人生のターニングポイントには、いつも一平さんに相談し、アドバイスをいただいています。

現在、一平さんは長久手市長として、まちづくり、ひとづくりに情熱を燃やし、力を尽くされています。

一平さんなくして今の私はありません。

一平さんとの出会いが、私の介護道の原点です。

第三章　グループホームとの出合い

私は宇宙人？　透明人間？

寮母になって四年目ぐらいから、「たいようの杜」にも新人さんがパラパラ入ってくるようになりました。一平さんは、新たな幼稚園や介護福祉養成学校などを次々に設立し、多忙を極めていました。

少しずつ職場の雰囲気が変わり始め、寿退社をする仲間も出てきました。合コンを企画したり、恋愛談義に花を咲かせたり、皆、そろそろ結婚を意識する年頃になったのです。

当時は、「二四歳を過ぎたら女じゃない」などという固定観念がまだ幅を利かせており、私も両親から、「それまでに結婚しなくちゃダメよ」と口うるさく言われていました。いやでも、結婚を意識せざるを得ない環境でした。

その頃、私にはおつきあいしている彼がいました。町工場で働く大好きな彼でしたが、残念ながら、祖父母や両親が望んでいるような結婚相手ではありませんでした。

泣く泣く諦め、区画整理事業の設計をしている現在の夫との結婚を選んだのです。彼の顔を見たとき、ひらめくものを感じたからです。

実は、私が中学生の頃から娘を二人産む！　という予感があり、子どもたちの絵も描いていました。ちょっと不謹慎かもしれませんが、この人との子どもなら、私が思い描いていた顔になると直感したのです。もちろん、人柄にもひかれるところがありました。

私は「たいようの杜」を辞め、平成四（一九九二）年、二三歳のとき、八歳年上の夫と結婚しました。夫は名古屋勤務でしたが、長男なので岐阜に住む義父母と同居することになりました。

名古屋の嫁入りは、嫁入り道具を満載したトラックを走らせるなど、全国的に派手なことで有名です。私も車や電化製品、家具、布団、ピアノなど、二トントラックを五台連ねて、正村家に嫁入りしたのです。

ところが、岐阜では当時、地元の人同士で結ばれるのがあたりまえで、名古屋から嫁いできた私は、異星から来た宇宙人のような目で見られました。岐阜と名古屋は、電車で三〇分ほどしか離れていないというのに……。

私がゴミを捨てに行くと、井戸端会議をしていたご近所の方たちは、さっと散っていきます。なんとかなじもうと思って笑顔であいさつしても、無視されてしまいます。まるで私は透明人間のようです。

大祖母も私を認めてはくれず、夫が仕事に出かけた後は、孤独な闘いを強いられました。

洗濯物を干しに出ようとすると、私のサンダルがありません。あれっ？　と思って周りを見回すと、外に捨てられているではないですか。

「なんで捨てたんですか？」

「おまえは息子がいないうちにさっさと帰れ。あとはわしがうまいこと言っておくから」

　私は返す言葉もなく涙しました。

　嫁ぐ以上、ある程度は覚悟していたのですが、ここまでとは思わず、同居の大変さを学びました。

「正村家」は、商売に秀でたご先祖様によって、岐阜では広く知られた存在でした。なかでも、パチンコ台の開発をはじめ、さまざまな事業で成功した正村竹一さんは全国的に有名でした。大祖父はこの竹一さんのいとこにあたり、私の嫁ぎ先は大本家でした。

　そんな義実家との関係を案じた夫は、結婚するとき、何があっても私を守ると私の両親に約束してくれました。

　実際、夫は盾になってくれましたが、常にそばにいてもらえるわけはなく、私に対する風あたりは日増しに強くなっていきました。

　結婚の翌年、待望の第一子が生まれました。

　――ああ、あの顔だ。

中学生の頃、私が絵に描いていた女の子の顔にそっくりでした。私はうれしくてたまりませんでした。約二年後、次女が誕生。かつて望んだとおり、可愛い二人の女の子に恵まれたのです。

こうして、私は義実家での同居生活や子育てを通して、たくさんの学びを得ながら貴重な人生経験を積んでいったのです。

障害者ヘルパーというお仕事

子どもたちが小学校に入学し、少し手が離れたとき、ガールスカウトの活動で知り合ったお母さんから、声をかけられました。

「障害者ヘルパーを派遣する事業を立ち上げるから、手伝ってくれない？　二人でやろうよ」

その友人は障害者の施設で働いた経験があり、二〜三歳年下でしたが、とても仕事のできる方でした。

二つ返事で引き受け、実際に始めてみると、障害者ヘルパーの仕事と介護とは大きな違いがあることがわかりました。

介護では、ご本人ができないことを私たちが手助けするのに対して、障害者ヘルパーの仕事は自立を支援すること、本人ができるようになるまで見守らなければなりません。

声かけも違います。介護では納得していただけるように根拠を丁寧に説明して、「だからこうしましょうね」と優しく話しかけます。一方、障害者ヘルパーの仕事では、簡潔に伝えます。長々しい言葉は、相手の耳に届かないからです。

さらに、記録の取り方もまるで違うので困惑しました。

介護では、そのときその方が何をやっていらっしゃったか、簡潔に書いていました。たとえば、お部屋で休まれたら「臥床」、「食堂でお茶を飲まれる」「中庭で散歩される」という具合です。

でも、障害者ヘルパーでは、何かトラブルがあったとき、本人がきちんと説明できない恐れがあるため、事細かに記録しなければなりません。「いつ・どこで・誰が・何を・どうした」と、克明に書き記すのです。

その頃、障害者を施設に隔離するのではなく、健常者とともに地域で生き生きと暮らせる社会を作る、というノーマライゼーションの理念が広がりを見せていました。これを受けて、平成一五（二〇〇三）年四月、支援費制度が施行され、障害者自身が直接事業者と契約を結び、必要に応じてヘルパーサービスを受けられるようになりました。

それまでの行政による措置から、障害者自身の決定を尊重する利用制度へと、障害者福祉サービスは大転換したのです。

友人は専門家ですので、特に難度の高い方を担当していました。

私は、精神障害の一人暮らしの女性、発達障害の子どもたち、知的障害の夫婦を受け持ちました。二時間の支援を行うのですが、はじめは戸惑うばかりでした。

精神障害の女性は、統合失調症を患っていました。当時は精神分裂病と呼ばれており、妄想や幻聴、幻覚などの症状が見られました。いつも頭を揺らして、誰かとしゃべっているのです。

私の仕事は、買い物をしてお昼ご飯を作って、食べるように促すことでした。まずは、普通の生活ができるようにサポートするのです。

私は「こんにちは」とあいさつして家にあがり、その日の彼女の状態を把握してから買い物に出かけます。彼女はこだわりが強く、食材や購入する店が細かく指定されているので、それに従って買っていきます。

帰ると昼ごはんの支度をして、「できましたよ。〇〇さん、起きましょうね」と起こして、食べてもらいます。

最後に、その日の出来事や彼女の様子を細かく記録したら、あいさつして退去します。

二時間のうち、買い物に行っている時間が三〇～四〇分あるので、一緒に過ごすのは一時間半ぐらいです。妄想や幻聴がひどいときは困惑しましたが、無理にかかわらないでそっとしておくのがよいと学びました。

発達障害の子どもたちは三～五歳と幼い子が多く、子どもの支援というより、お母さんの自由時間を作ることが主な目的でした。

それぞれの子どもが興味を持っていることを聞き取り、電車が好きな子なら線路まで連れていき、走っている電車を見せます。彼はやってくる電車を指差しては「○○だ！」と歓声をあげます。私にはさっぱりわかりませんが、喜んでいる姿を見るのは楽しかったですね。

なかにはショベルカーが大好きな子もいました。この場合は、電車のように簡単には見せられません。工事現場を探したり、ショベルカーに乗せてもらえるように事前に交渉したりしたものです。

いちばん難しかったのは、知的障害者のご夫婦の支援です。彼らは三〇代前半とまだ若く、同じく知的障害を持つ幼い二人のお子さんとアパートで暮らしていました。ご主人は警備会社に障害者枠で入社してガードマンとして働き、奥様は専業主婦でした。

このご家庭での私の役割は家事援助です。洗濯の仕方や調理の仕方を一つひとつ丁寧に奥様にレクチャーするのです。一度に言うと覚えられないので、毎回根気よくお声がけをし、小さなステップを積み重ねていきました。

こうして、私は障害者ヘルパーとして三年ほど働きました。介護と障害者の支援の違いを学び得た日々でした。

初めて知的障害や精神障害を持つ方たちと深く触れ合い、心情や考え方も、少しは理解できるようになったと思います。

また、私を誘ってくれた友人は真剣に障害者問題に取り組んでおり、さまざまなことを教えてくれました。

この三年間の貴重な経験が、のちの障害者グループホームの設立へとつながったのです。彼女には心から感謝しています。

心に残る盛岡のグループホーム

平成一六（二〇〇四）年春、夫の仕事の関係で、私たち家族は盛岡で暮らすことになりました。

家から小学校まで二・五キロほど。子どもたちは歩いて通っていたのですが、その途中に認知症対応グループホームがあったのです。「太陽」という言葉が入った施設名にひかれ、私はそこでアルバイトとして働くことにしました。

グループホームは、平成一二（二〇〇〇）年に介護保険制度が始まったのを機に、急速に普及しました。認知症高齢者を受け入れる地域密着型のアットホームな施設で、「認知症対応型共同生活介護」と呼ばれています。

ユニットという単位ごとに、入居者様がそれぞれの能力に合わせて料理や掃除などの家事をしながら共同生活を行うのです。一ユニットは最大九人で構成され、いつも同じメンバーなので、環境の変化が苦手な認知症の方も安心して暮らせます。

そのホームは、西のフロアと東のフロアに一ユニットずつ設けてあり、それぞれ九人ずつ、合わせて一八人の認知症のお年寄りが、スタッフとともに生活していました。

真ん中にキッチンがあり、一緒に調理してみんなで食べるのです。

私がすばらしいと思ったのは、認知症の方だけが入居していることです。それこそ、グループホームの特質にほかならないのですが、「たいようの杜」では、認知症の方もそうではない方も混在していました。

そのため、認知症の方は健常の方の言葉に傷つけられることが少なからずあったのです。

「何回同じこと言うの？」

「さっき言ったよね。もう忘れたの？」

こんな言葉がぐさりと胸に突き刺さり、ますます自信をなくして、どんどん症状が悪化してしまうのです。

でも、認知症の方同士なら、何度同じことを言っても「そうだね」で終わります。同じ昔話を繰り返しても、とがめられることはありません。

他の入居者に怒られたり嫌がられたり、傷つけられたりすることなく、穏やかな雰囲気の中で暮らせるのです。入居者同士が教え合っているシーンも多く、一緒に野菜を切ったり掃除をしながらのおしゃべりも楽しそうでした。

もう一つすばらしいと思ったのは、一ユニット九人と少人数であることです。この九人の方を、介護士、看護師など合わせて七人のスタッフで見ます。このホームは二ユニットでしたから、合計一四人のスタッフが働いていました。

「たいようの杜」では、五〇人の入居者様を、一二人の介護士と二人の看護師でケアしていました。じっくりお話をうかがいたくても、どうしても余裕がないことも、ときにはありました。でも、ここでは九人の方とゆっくり向き合えます。

私は、目を見開かされる思いでした。よい制度ができたと、しみじみ思ったものです。

スタッフの方々は懸命に入居者様に寄り添い、温かい介護をなさっていました。

たとえば入居者様が興奮していると、馴染みの介護士さんが休みの日でも出てきて、優しく対応し、まさにホーム一丸となって、認知症の方々に向き合っておられました。

皆さんの姿勢は、私に「たいようの杜」での奮闘の日々や一平さんの教えを思い起こさせました。介護はやはりこうでなくては――。

私はあの頃と同じく、入居者様に生き生きと暮らしていただけるように心を砕きました。ただ一つ、大きな問題がありました。方言がよく理解できなかったのです。

とりわけ、秋田出身の方の言葉は難しかったです。興奮すると「ホンダヘーンダ！」などと言って騒ぐ方がいたのですが、まったく意味がわからずリアクションに困りました。お話を傾聴しなくてはいけませんが、何か返事もしなくてはなりません。

いろいろ研究したところ、向こうの方は「んだ？」とか「んだんだ」と返答すると伝わるとわかったので、相手のトーンに合わせて「んだね」「んだよ」「んだんだ〜」とニュアンスを変えて相槌を打ちました。

三〇分が経った頃、相手の方が、「よく聞いてくれた！」と大喜びされて、無事会話は終了しました。とにかく、皆さん、お話を聞いてほしいのです。


とても家庭的な雰囲気のホームで、子連れ出勤もＯＫでした。家と小学校の途中にあったホームなので、私が早番のときは、学校に送りがてらホームに子どもたちを連れていきました。娘たちが朝食の配膳を手伝い、ご飯などを配り終わると、おばあちゃんたちが「行ってらっしゃい」と笑顔で学校に送り出してくれます。私にとっては、とてもうれしい光景でした。

私が日勤のときは、学校が終わると子どもたちはホームに帰ってきました。宿題をしたり、お年寄りとおしゃべりをしたりして過ごすのです。

そんなある日、次女が二年生の頃だったでしょうか。あるおじいちゃんが孫と勘違いして「お風呂に入るぞ」と声をかけたのです。娘は「うん」と返事をして、お風呂場に行きました。そしておじいちゃんの紙パンツを下ろしたときに、指先に便がついてしまったのです。普通なら「わぁ！」と悲鳴をあげるでしょうが、次女はおじいちゃんを気遣って「だいじょうぶ、だいじょうぶ」と平気なふりをして、一緒にお風呂に入りました。

その様子を見て、この子は私と同じ介護の道に進むか看護師になると感じ、少しずつ看護師へと誘導し始めたのです。

こんな親心を知ってか知らずか、次女は「ただいま」と言ってよくホームに来ていて、孫だと思い込んでいるおじいちゃんを喜ばせたい、という心遣いのある優しい子。

一方、長女はしっかり者でしたが、どちらかといえば介護は苦手としていました。

グループホームでの勤務は、子どもたちの適性を見抜くよい機会ともなったのです。

はじめのうちは、子どもたちが学校に行っている間だけのパート勤務でしたが、長女が中学生になる頃、夜勤専門にしてもらいました。

夜勤のシフトは、夜勤、夜勤明け、休み、また夜勤となっていました。ですので、働くのは週に二〜三日です。そのぶん、子どもたちといる時間を長くとれます。

それに、そろそろ、子どもたちに食事作りを覚えてほしいという思いがありました。私は、娘たちが幼い頃から、いつ私がいなくなっても生きていける生活力を身に付けてほしいと願って育ててきました。

ちょうどいい機会ですから、あえて、夜留守にして子どもたちがパパに晩ご飯を作る場面を設けたのです。

私は冷蔵庫を食材で満杯にし、

「自由に使っていいから、何か作ってパパと一緒に食べてね」

と言い残して、夜勤に出ます。

はじめのうちは「えーっ！　なんで私たちが？」と渋っていましたが、

「うん、なかなかうまい」

などとパパにほめられ、やる気になったようです。子どもたちはパパに喜んでもらいたくて、がんばって食事を作るようになったのです。今では、冷蔵庫の食材を見渡して、ささっと食事の用意をできるまでになりました。

当時、私は三〇代半ば、まだ若くて元気だったので、夜勤明けの日も寝ないで洗濯したり、部屋の模様替えをしたものです。もう今では考えられないことですが……。

盛岡のグループホームの温かさや熱心な取り組みは示唆に富んでおり、私は強く心を揺さぶられました。自然や温泉もとても魅力的で、今も年に一度は盛岡を訪れています。

岐阜のグループホームに就職

平成二〇（二〇〇八）年、私は岐阜に戻りました。そして、社会福祉法人が経営するグループホームに勤め始めたのです。

このホームは認知症を発症したお母様のために作られたというだけに、オーナーの強いこだわりを感じさせる施設でした。風情のある京都の町家のような外観。内装や家具、調度品も凝っていて、坪庭があったり、信楽焼きの浴槽だったり、細部に至るまで神経が行き届いています。

アパートのような味気ないところではなく、心安らぐ施設で介護をするという考え方に共感を覚え、私はここで働くことにしたのです。このグループホームには三ユニットあり、定員は二七名です。

オーナーは歯科医師でしたが、忙しい仕事の合間を縫って介護の勉強をされ、一冊の書籍を差し出して、こうおっしゃったのです。

「この先生のケアがとてもいいと思うよ」

それは『家族で治そう認知症』（竹内孝仁著　年友企画）という本でした。著者の竹内先生は、「水・メシ・クソ運動」という認知症ケア理論を提唱されています。

認知症を改善するには、十分な水分と栄養、排便コントロールが重要というもので、認知症を「身体不調型」「知的衰退型」「環境不適応型」など六つのタイプに分け、それぞれの特徴と対処法が、具体的に記されていました。

私は本書に深い感銘を受け、早速この理論を実践に移しました。「たいようの杜」での経験からタンパク質の重要性は認識しており、便にも注意を払っていましたが、水分補給が最も大切とは気づいていなかったのです。私は以前にも増して、脱水・低栄養・便秘の予防に力を注ぐようになりました。

このホームには、事務全般を取り仕切っている若い男性管理者がいました。私は介護部門の管理者として、彼と協調してホームの改革を推し進めていったのです。

心に寄り添う　事例1

認知症の方のためのグループホームですから、入居者様は皆、程度の差こそあれ、認知症を患っています。なかにはスタッフを拒絶したり、とげとげしい言葉を浴びせる方もいらっしゃいます。そういう方は私が自ら担当して、一人ひとり心の扉をこじ開けていきました。

Mさんもその一人で、気位が高くスタッフ泣かせの方でした。身寄りがなく、訪れる人もいないため、いっそう頑なになってしまったのかもしれません。プライドが傷つかないよう、硬い殻で必死に守っているように見えました。

「私は大金持ちのお屋敷で采配を振るった、すごい家政婦だったのよ。他の人たちとはレベルが違うわ」

とコミュニケーションを拒否し、部屋から一歩も出ようとしません。他の入居者様は、一緒に食堂でご飯を食べるのですが、Mさんだけは自分の部屋で一人で食べます。洗濯も、洗面台で自分でするると言い張るのです。

郵便はがき

料金受取人払郵便

新宿局承認

2524

差出有効期間
2025年3月
31日まで
（切手不要）

160-8791

141

東京都新宿区新宿1－10－1

（株）文芸社

愛読者カード係 行

お名前《ふりがな》		明治 大正 昭和 平成 年生 歳
ご住所《ふりがな》	□□□-□□□□	性別 男・女
お電話番号	（書籍ご注文の際に必要です）	ご職業
E-mail		
ご購読雑誌（複数可）		ご購読新聞　新聞

最近読んでおもしろかった本や今後、とりあげてほしいテーマをお教えください。

ご自分の研究成果や経験、お考え等を出版してみたいというお気持ちはありますか。

ある　ない　内容・テーマ（　）

現在完成した作品をお持ちですか。

ある　ない　ジャンル・原稿量（　）

書　名			
お買上 書　店	都道 府県　　　市区 郡	書店名	書店
		ご購入日	年　月　日

本書をどこでお知りになりましたか?

1.書店店頭　2.知人にすすめられて　3.インターネット(サイト名　　)

4.DMハガキ　5.広告、記事を見て(新聞、雑誌名　　)

上の質問に関連して、ご購入の決め手となったのは?

1.タイトル　2.著者　3.内容　4.カバーデザイン　5.帯

その他ご自由にお書きください。

(　　　　)

本書についてのご意見、ご感想をお聞かせください。

①内容について

②カバー、タイトル、帯について

弊社Webサイトからもご意見、ご感想をお寄せいただけます。

ご協力ありがとうございました。

※お寄せいただいたご意見、ご感想は新聞広告等で匿名にて使わせていただくことがあります。

※お客様の個人情報は、小社からの連絡のみに使用します。社外に提供することは一切ありません。

■書籍のご注文は、お近くの書店または、ブックサービス(0120-29-9625)、セブンネットショッピング(http://7net.omni7.jp/)にお申し込み下さい。

いちばん困ったのは、尿の漏れたパンツを、濡れているので洗濯したと勘違いして、そのままベッドの柵に干すことでした。何枚も干すので、Mさんの部屋には強烈なアンモニア臭が漂っていました。そんな状態が四年ほど続いていたようで、なんとかしなければとスタッフ一同思い悩んでいたのです。

私はまず、Mさんの行動をしっかり観察しました。すると、一人でタクシーでよく買い物に行かれていることがわかりました。

そこで、声をかけてみたのです。

「Mさん、私、今から買い物に行くけど、一緒に行きませんか?」

Mさんはしばらく、う~んと考え込んでいましたが、行ってもいいというようなことをぼそぼそとつぶやきました。

私は心の中でガッツポーズです。

「みんな、Mさんとお買い物に行くから。部屋をお願いね」

こうスタッフに告げるとMさんを助手席に乗せ、私の運転でデパートにお連れしたのです。帰ってくると、臭いパンツは取り除かれ、シーツ交換や掃除も終わって、清潔で気持ちのよい部屋になっていました。

でも、Mさんはパンツがなくなっていることには気づきません。認知症ですぐに忘れてしまうからです。

それからもしばしばMさんをお連れして、買い物を手伝いながら、コミュニケーションを深めていきました。Mさんは何か一つ買うたびに、いかに自分がすぐれた家政婦だったか自慢げに話します。私はそのつど「わぁ！　すごいですね」と心を込めてほめ称え、こんなお願いもしてみました。

「もっともっと教えてくださいよ。そういうこと、教科書に書いてないから学べないんですもの」

「いいよ。教えてやろう」

Mさんはまんざらでもない表情です。

このマンツーマンの買い物同行は、Mさんだけの特別サービスでした。しばらく続けているうちに、「正村は悪くないかも」と、少しずつ心を開いてくださるようになり、信頼関係ができてきました。買い物に行かなくても「Mさん、洗濯しますからパンツとか下着を出してください」と私がお願いすると、「まあ、おまえがそう言うなら頼むわ」と渡してくれるようになったのです。

　こうして私がMさんの馴染みのスタッフになって、三ヵ月ほど経ちました。あとは食堂で皆と一緒にご飯を食べてさえくだされば万々歳です。

　お部屋に食事をお持ちしたときに、思い切ってお願いしてみました。

「Mさん、部屋でお一人で食事されると、洗い物が片付かないから、こっちで食べていただけませんか？」

「まあ、おまえの言うことは断れんな」

　初めて食堂で食事されたときは、スタッフ一同大拍手でした。それほど、画期的なことだったのです。

　この時点でもうだいじょうぶと判断し、私は他のスタッフと交代しました。そのスタッフも心得て、私の名前をうまく使って対応しました。

「Mさん、部屋に入っていいですか？　お着替えお願いします。正村がそうしてほしいと申しています」

すると、「正村が言ってるのならしかたがないな」とMさんは聞き入れてくださるのです。他のスタッフとも気軽に話されるようになりました。

さらに、洗濯物をたたんだり、料理の盛り付けを手伝ったり、プロの家政婦の腕前を披露してくださるまでになりました。Mさんは、かつてのはつらつとした自分を取り戻されたのです。

どんなに頑固な方でも、その方を敬う姿勢を崩さず、根気よくお話を傾聴すれば、いつか心は通じます。

寝たきりでも決して諦めない　事例2

このグループホームには、寝たきりの方が何人かいらっしゃいました。Yさんも要介護5の、完全に寝たきりの八〇歳ぐらいの女性でした。食事も入浴も全面介助で、おむつもしていらっしゃいました。

秋田出身ですが、名古屋の芸術系の大学を卒業され、岐阜でご主人と知り合って結婚されたそうです。若い頃は、ピアニストとして演奏活動をなさっていたといいます。ご主人は亡くなり、息子さんが一人いらっしゃいました。この息子さんは著名なドクターで、九州にお住まいだったのです。

「息子さん、すごいですね」

と私が水を向けても、「そんなことないのよ」と謙遜され、決して自慢されることはありません。

とても上品で謙虚で立派な経歴もお持ちなのに、ただ天井をながめて寝ているだけの日々。このままではもったいない、何かいい方法はないものかと私は思案しました。

Yさんがお好きなこと、興味を持てることは？　そのとき、はっとひらめいたのです。Yさんはピアニストでした。

懸命にリサーチしたところ、自動で演奏するピアノがあることがわかりました。当時の値段で七万円ぐらいでした。ふだんはご家族に金銭的な負担をおかけするようなお願いはしないのですが、私は思い切って息子さんにお電話しました。

「お母様の馴染みの曲が入った、自動演奏付き電子ピアノを買ってもいいでしょうか？」

息子さんは快諾してくださいました。

Yさんの部屋に、モーツァルトやショパンなど、クラシックの名曲が入った電子ピアノがやってきました。ピアノは、二四時間、エンドレスで曲を奏でます。

「この曲、ご存知ですか？」

「もちろん。よく弾いたものよ」

「なんでピアノをやめてしまわれたんですか？」

「ほら……何かとうるさいから」

岐阜の封建的な風土に悩まされた私は、深くうなずいたものです。

そして数週間が経ったある日、部屋に行くと、Yさんはいつものようにおなかの上で両手を組んで、天井をながめていました。

ふと見ると、ピアノの曲に合わせてYさんの指先がかすかに動いているではありませんか。ピアノの調べが、Yさんの眠っていた記憶を呼び覚ましたのです。

実に感動的な光景でした。

そこで夜中のおむつ交換のとき、こう声をかけてみました。

「私がお連れしますから、トイレに行ってみませんか？」

「あなたもなかなかやるわね」

ちょっとしたやりとりにもユーモアがあり、聡明さを感じさせます。

Yさんは私の介助でトイレに行くと、排尿されたのです。尿意がない方も多いのですが、Yさんにはまだその感覚が残っていたのです。

ひょっとしたら、おむつがとれるかもしれない——。

かすかな希望の灯がともったような気がしました。それからは二時間おきにトイレにお連れし、尿を出す訓練を重ねました。

そんなある日、私はこんな提案をしてみました。

「ちょっと歩いてみましょうか？」

ゆっくりお起こしすると、ふらつきながらも最初の一歩が出たのです。それからは、歩く練習も日課になりました。はじめは歩行器で、次は手を引いて——。

指を動かすと、指と脳は直結しているので脳が活性化します。Yさんは着実に寝たきり状態から回復し、どんどんできることが増えていきました。少しろれつが回らないところがありましたが、発語もはっきりしてきました。

「あなたはいい子だわ」

そのお言葉をうれしく思いましたが、いちばんうれしかったのは、あたりまえに会話をできるようになったことでした。Yさんは、他のスタッフとも雑談をしたり昔話をしたり、おしゃべりを楽しむようになったのです。

ずっと寝たきりで誰ともかかわらず、おむつ交換をされているだけだった方が、劇的な変化でした。

そしてついに、トイレコントロールに成功！　おむつをはずし、普通のパンツに切り替えることができたのです。食事もペーストからきざみへ、さらに普通食へ。他の入居者様と一緒に食堂で食べられるまでになりました。寝たきりからの完全なる復活でした。

Yさんは活動的になり、よく冗談を言って笑い、表情も豊かになりました。これがYさんの本来の姿なのでしょう。

もう一度ピアノを弾きたいという思いが、奇跡を起こしたとしか考えられません。人間の秘めた能力はすばらしいと、心から思ったものです。

寝たきりでも決して諦めない、寝たきりをつくらない――。

これは私の信念です。どんな方も、最後の最後まで人間らしく生きていただきたいのです。

残念ながら、Yさんは脳卒中を起こして亡くなりましたが、短期間でも生きる喜びを取り戻していただけたことは、介護士冥利に尽きる思いがしました。

息子さんにも、とても感謝されました。

認知症の方にも役割を　事例3

このように、私は「たいようの杜」や盛岡のグループホームで培った介護技術をフルに発揮するとともに、惜しみなく他のスタッフにも伝えていきました。

一人ひとりの入居者様に合わせて、心を込めて行う丁寧な介護は、徐々に地域の皆さんの信頼を得て、私が入って一年が経つ頃には、待機者最多のホームとなり、その後もさらに入居希望者は増え続けました。

そんなある日、「助けてください」と、泣きながら駆け込んできた奥様がいました。役所や地域包括センターに相談したところ、うちをすすめられたようです。

「どうされました？　今満室なのですが」

「もうどうしたらいいかわからなくて……」

私は奥様のお話に耳を傾けました。

ご主人はサラリーマンだったのですが、リストラされてから、しだいに言動がおかしくなりました。「ぼくの通帳を銀行の金庫から出してくれ」などと、わけのわからないことを言い、夕方になると自転車で出ていってしまいます。ご主人は営業マンだったので、事務所に戻って営業報告をしなければ、と思うようです。

でも、迷子になってしまい、毎日のように警察から奥様に電話が入るようになりました。

「お宅のご主人らしいのですが、道に迷われたようです」

そのつど奥様がご主人を引き取りに行くのです。

ある日、ご主人は自転車で出かけたまま帰ってこなくなりました。どうしたのかと奥様が気をもんでいると、警察から電話があったのです。

「ご主人が隣の県の国道で血だらけになって倒れています」

なんと岐阜から滋賀県まで、一五〇キロあまりも自転車をこぎ続け、ついに力尽きて転倒してしまったのです。

ご主人は五〇代後半の若さで、若年性アルツハイマー病を発症されていました。

「毎日、気が休まる暇がないんです」

そう訴える奥様は、やつれ果てています。このままでは奥様も倒れてしまうでしょう。

これは緊急事態だ――。

私は直ちに精神科に連絡しました。

「部屋が空いたら必ずうちに入っていただきますので、入院させていただけないでしょうか？」

とりあえず入院してもらい、空きが出たとき、すぐにうちに入居していただきました。

まずは「水・メシ・クソ運動」を実践しました。ご主人のタイプに合わせて、「十分な水分補給」「栄養豊富な食事」「排便コントロール」「少しの運動」を徹底したのです。すると、だんだん顔色がよくなり、表情にも生気が戻ってきました。

ところが、夕方になると帰宅願望がつのるらしく、鍵がかかっている玄関の扉をなんとか開けようと、必死にガチャガチャ揺らします。そこで、何か役割を担っていただこうと考えました。

ご主人の行動を観察したところ、きちんと部屋の掃除をしていらっしゃるのに気づき、あることをお願いしたのです。

「実は私たち困っているんです。朝、玄関の掃き掃除をしてくださる方がいなくて。もしお願いできたら、すごく助かるんですけど……」

予想どおり、二つ返事で引き受けてくださいました。

私は思い切って玄関の鍵を開けました。でも、ご主人はもう、外に出ようとはしません。仕事をきちんとこなさなくては、という使命感に燃えているのです。

私は毎朝、声をおかけしました。そうしないと、忘れてしまうからです。

「Kさん、もうお時間なので玄関の掃除をしていただけませんか？　来客があるので」

「おお、そうでした」

ご主人はほうきを持って、いそいそと掃き始めます。

「ありがとうございます。おかげさまできれいになって助かります」

感謝のお声がけも欠かしません。

奥様はこんなご主人を見て、「お父さん、すごいね。ほんとにすごいね」と泣いていらっしゃいました。

ようやく安心されたようで、奥様は習い事や旅行を楽しまれるようになりました。

「私がこんなに自由に楽しく暮らしていていいのかしら。ごめんなさい」

こう謝られるので、私は背中を押しました。

「いいえ、もうご主人のことは私どもプロにおまかせいただいて、今までがんばってこられたのですから、これからは楽しくお過ごしください」

そのときの奥様のほっとしたような、泣きそうな笑顔は忘れられません。


グループホームは、評判が評判を呼び、とうとう五〇人待ちとなりました。オーナー、管理者、スタッフが、一丸となって入居者様に寄り添う努力をした賜物だと思います。

その頃、オーナーは有料老人ホームの経営にも乗り出されました。この施設はホテルライクな外観とすべてにおいてゴージャスな内装、まるで一流ホテルのようでした。町家風のグループホームとはデザインのコンセプトは異なりますが、贅沢にお金をかけ、こだわり抜いて建てられた施設であることは共通しています。

私はこの有料老人ホームの立ち上げにも携わり、周りの方々の手助けのおかげで満室に導くことができました。さらにショートステイ、デイサービスがスタートし、その翌年には、少し離れた地に地域密着型特別養護老人ホームとグループホームがオープンしたのです。私はそれぞれの施設を軌道に乗せるために奔走し、なんとか責務を果たしました。

私は三年間、この社会福祉法人で働きました。オーナーの経営者としての姿勢や卓越した手腕には敬服するばかりでした。経営者はどうあるべきか、何に着目すべきか、どうすれば従業員がついてきてくれるのか、経営という観点からとても大切なことを学ばせていただきました。

この経験に力を得て、私は福祉施設経営という大きな一歩を踏み出すこととなったのです。

第四章　おひさまのような老人ホーム創設

資金調達に四苦八苦

私はかねがね疑問に思っていました。

戦後の日本をつくり上げてきた方たちが、人生の最後の時間を安普請のアパートのようなところで過ごされていいのだろうか？

家族の幸せのため、日本の発展のため、苦労を重ねてこられたのですから、人生は楽しかったと思えるようなすばらしい場所から旅立っていただきたい——。

私の心の奥底には、ずっとこの思いがくすぶっていました。

私が携わった社会福祉法人のグループホームや有料老人ホームは、それぞれ贅を尽くした魅力的な建物でした。

他の施設はどうなっているのか、近隣だけではなく、もっと広く見てみたいと思い立ち、私は仕事のかたわら、あちこちのホームに足を運ぶようになりました。京都の高級老人ホームもいくつか見学しました。なかには、入居一時金が一億円近くする施設もあり、その豪華さに目を見張りました。

たくさんのホームを見学するうちに、私のなかで少しずつ理想のホームのイメージがふくらんでいきましたが、自分で建てるという発想はまだありませんでした。

平成二四（二〇一二）年六月、私は介護施設にコンサルティングを行う「株式会社ハートコンサルタント」を立ち上げました。老人ホームに出向いて問題点を洗い出し、改善法を提案することによって、お年寄りのよりよい旅立ちを支援するのです。併せて、個人のお宅に介護士を派遣する事業も始めました。

このとき、銀行さんにこうアドバイスされたのです。

「お手本となる施設がなかったら、口で言うだけじゃわかりませんよね。理想の施設を作ってくださいよ」

（そりゃそうだけど、いきなりそんなこと言われても、お金もないし……）

私がためらっていると、夫が背中を押してくれたのです。

「土地があるんだから、やってみたら?」

この一言で、踏ん切りがつきました。

それまでたくさんのホームを見て目を肥やしてきたのは、心の片隅にいつか自分の理想のホームを、という思いがひっそりと息づいていたからなのでしょう。その思いが夫の後押しによって、噴出したのです。「よし、やろう!」と決意してからは、猪突猛進。

まずは資金の調達です。はじめは日本政策金融公庫さんに頼み込みました。国の金融機関なので、比較的金利が安かったのです。

「これまで岐阜にはなかった新しいコンセプトの老人ホームを作りますから、どうか私を信じてください」

けれど、新規の融資で、しかも女ということで、なかなか色よい返事はもらえません。税理士さんが紹介してくれた岐阜信用金庫さんにも日参しました。若い営業マンは私の思いを汲んでとてもがんばってくれました。今でも、この方には深く感謝しております。

あちこちの金融機関で、異口同音にこんな厳しい言葉を投げかけられました。

「女性が起業してやっていけるんですか？」

「ご主人が仕事を辞めて、一緒にできないんですか？」

「ご主人が開業されるのなら、融資してもいいですが」

夫になんの関係があるのかと、はらわたが煮えくり返る思いでした。さらにはこんなご親切なアドバイスも。

「申し訳ありませんが、女性で成功した事例はまだないんです。もう諦めたらいかがですか？　今ならまだ間に合いますよ」

（女だからってなめるなよ。いつか絶対見返してやる！）と腹の中で毒づきながら、私は殊勝に答えます。

「がんばります」

女というだけでばかにされ、信用されない、という現実を突きつけられて、私は深く傷つきました。

ただ、大垣共立銀行さんだけは、「ぜひ、やらせてくれ」と快諾してくれたのです。もともと私のメインバンクで、私が勤めていた社会福祉法人のオーナーも「正村ならだいじょうぶ」と口添えしてくださったからです。

最終的には、岐阜信用金庫さんの審査も通り、二行から融資を受けることになりました。日本政策金融公庫さんも、「成功したら、またいらしてください」と、最後は温かい言葉をかけてくれました。

たった一人のお客様でスタート！

第一関門をなんとか突破し、厚生労働省の管轄となる「住宅型有料老人ホーム」の建築計画が動き始めました。

木のぬくもりを感じる、ペンション風のおしゃれなホームが私の理想でした。初めて介護に携わった「たいようの杜」も、木をふんだんに使った、高原の中にたたずむペンションのような建物だったのです。「たいようの杜」の穏やかな温かいイメージはいつも私の心の中にあり、私を鼓舞してくれました。

こんな理想を実現するために、私は以前からご縁を感じていた住宅メーカー「ひだまりほーむ」さんに、施工をお願いに行きました。木の使い方がとても上手でおしゃれな建て方をされるので、迷わず決めたのです。

介護にかける私の熱い想いを伝え、「お金はあまりないのですが、ぜひお願いしたい」と、何度も頭を下げて頼み込んだところ、意気に感じて引き受けてくださったのです。

二階建てで、一階一三室、二階一三室と、全二六室。おひさまがポカポカ照らしているような、明るい温かなホームにしたいという願いを込めて、名前は「おひさまの笑顔」に決めました。コンセプトは「生きる喜びと、ぬくもりの感じあえる家」です。

岐阜県産の檜を贅沢に使った館内は、木のぬくもりにあふれています。檜には防虫・殺菌・調湿作用があります。またその香りにはリラックス作用があるといわれ、見た目の温かさだけではなく、入居された方の健康を守る効果もあるのです。

家具や調度品、洗面ボウル、蛇口、食器などにもこだわりました。安っぽいものよりステキなものに囲まれているほうが、心が浮き立ちます。見た目からわくわくしていただきたくて、織部や信楽の窯元に何度も足を運び、アンティークショップや骨董品店をはしごして、気に入ったものだけを選びました。

トイレや洗面所には焼き物の手洗い鉢を設置し、蛇口のレバーの形をそれぞれ変えました。押すのか引くのかひねるのか、どうしたら水が出るのか、少しでも頭を使っていただきたいと思ったのです。

置物や掛け時計、照明器具なども、一つひとつ心を込めて選びました。壁に飾る絵は友人やスタッフに優しいタッチで描いてもらいました。家庭的な雰囲気のなかでくつろいでいただきたいと思い、娘の絵も飾っています。ゆったり入れる大きな檜のお風呂や、掘りごたつのある和室も作りました。

入浴は機械浴ではなく、スタッフの介助による入浴です。今は機械浴を売りにしている施設が増えていますが、私は「たいようの杜」時代に、どちらの入浴が快適か皆で試してみたことがあります。

その結果、機械浴では体全体がお湯につかるのは難しく、少しもリラックスできないことがわかりました。入浴用車椅子で普通のお風呂に入るのは可能で、そのほうがずっと温かく気持ちがいいのです。皆同じ意見だったので、私たちは機械浴を使いませんでした。そんな実体験から、私はスタッフの手による入浴にこだわったのです。

こうして私の理想は形となり、人生の大先輩方をお迎えする準備は着々と進んでいきました。

そしてついに、平成二五（二〇一三）年六月、住宅型有料老人ホーム「おひさまの笑顔」がオープンしました。

このとき私は四四歳、奇しくも一平さんが「たいようの杜」を設立した年齢とほぼ同年代でした。不思議に不安はなく、とにかく無我夢中でした。

スタッフは介護士と事務員を合わせて一二人ほどいましたが、オープン当初半年ぐらいは、お客様はたったお一人でした。「おひさま」では、おもてなしの心を大切にして、利用者様や入居者様のことをお客様と呼んでいます。

新規の施設で、保守的な土地柄もあり、紹介者がいなくては入居者が集まらない状況でした。皆さん、様子見といったところです。

同時にスタートした、デイサービスのお客様が四〜五人いらっしゃったので、ぎりぎりやっていけたのです。

最初のお客様は、事前に内覧会を開いたときに見学に来られた、八〇代半ばのご近所の男性でした。身寄りはなく、肺ガンで余命半年という宣告を受け、施設で穏やかに最期を迎えたいと、うちに入居されたのです。

「おひさまの笑顔」は、「木のぬくもりから安らぎを、介護から安心を、集いから楽しみを」をモットーにしており、医師と連携してターミナルケアも行っています。自由に外出もできるので、制約の多い病院より心地よく過ごせると思われたようです。

そのご期待に沿うべく、また私の信条でもあるので、スタッフ一同手厚く介護しました。寝たきりにならないようにできるだけお起こしして、普通の生活をしていただくように努めました。少しでも長く、生きている喜びを感じていただきたかったのです。

およそ半年後、全スタッフの見守るなか、この方は安らかに天国に旅立たれました。そして、この頃から口コミで評判が広がり、少しずつお客様が増えてきました。

困難事例と呼ばれる、他の施設では手に負えなかった難しいお年寄りを、役所や他の施設から頼まれ、引き受けることもしばしばありました。

「正村さんでなければ無理だろう」

こう言われるのはありがたい反面、責任重大で身が引き締まる思いがしました。もし、うまくいかなければ、その方は行くところがなくなってしまうのですから。どんな方でも笑顔になっていただけるように、全身全霊で介護に取り組みました。

困難事例のお年寄りを笑顔に　事例4

「おひさまの笑顔」を立ち上げて半年が経ち、ぽつぽつ部屋が埋まり始めた頃、社会福祉協議会のケアマネさんからこんな相談を受けました。

「七〇代半ばのおばあちゃんなんだけど、どこの施設に入居しても、脱走して家に逃げ帰ってしまうのよ。もう三度目で、部屋に閉じこもって出てこないの。ちょっと手を貸してもらえない？」

Sさんは、若い頃は柳ヶ瀬の有名なキャバレーのナンバーワンホステスだったそうです。柳ヶ瀬は岐阜市にある繁華街で、今は廃れていますが、昭和の時代には、百貨店や映画館、アーケードの下には飲食店やキャバレー、バーなどが建ち並び、夜はネオンがきらめく華やかな町でした。美川憲一さんが歌う「柳ヶ瀬ブルース」が大ヒットし、全国的に名が知られるようになったのも、その頃です。

Sさんはおきれいだったので、社長の彼に店を出してもらい、贅沢な暮らしをされていたようです。ところが裏切られ捨てられて、すっかり人間不信に陥ってしまったのです。

私は、Ｓさんのご自宅に駆けつけました。まずはじっくりお話をうかがってと思っていたのですが、話に聞いていたとおり、部屋に閉じこもってドアを開けてくれません。

「ちょっとドアを開けていただけませんか？」

「どうせあなたも、私のこと裏切るんでしょ」

「私は絶対裏切りませんから、信じてください。まずはドアを開けてください」

「そんなこと言って、私をだますんでしょ」

何時間もドアの前で同じやりとりを繰り返し、結局開けてもらえず帰りました。その後も、私は何度も足を運びました。どうしても開けてもらえない日もありましたし、朝行って夕方ぐらいにやっと開けてくれたこともあります。

驚いたのは、その部屋は寝室で、アラブのお姫様が寝るような、レースが垂れ下がった天蓋ベッドが置いてあったのです。昭和の時代に、そのベッドはかなりのインパクトがあったことでしょう。

そして、Sさんは訴えるのです。

「私のダイヤのネックレスがなくなったの。ルビーの指輪もないわ。きっとあの人が盗んだのよ」

いやいや、ご本人がなくされたのにちがいありません。でも被害妄想がふくらんで、また引きこもってしまうのです。

こうして数ヵ月が経ったある日、何時間ものやりとりの末、ようやくドアが開きました。Sさんが天涯孤独だと知った私は、彼女を抱きしめて説得しました。

「私は必ず最期まであなたを見ます。絶対に途中で見捨てたりはしません。あなたがどうなっても、一生かけて守ります。どうぞ信じてください」

「本当ね」

Sさんは泣きながら私に抱きついてきました。

「絶対にウソはつきません」

Sさんは「おひさまの笑顔」に入居されました。昔のストレスから認知症が進みましたが、私の顔はわかるらしく、「あの約束守ってね」と今でもおっしゃっています。馴染みのスタッフもたくさんできて孤独や人間不信から解放され、かつてとは打って変わって穏やかな表情をされています。

悔いのないお別れの場を提供　事例5

柳ヶ瀬といえば、もう一人大金持ちで気位が高く、まさに柳ヶ瀬の女王のような方がいらっしゃいました。

Tさんは、ご自身が持つ、柳ヶ瀬の五階建てのビルに一人で住んでいました。一～二階が店舗、三～五階がご自宅です。亡くなったご主人が、柳ヶ瀬一帯に多くの不動産を所有されており、その財産を引き継いだのです。

Tさんには息子さんが一人いらっしゃいましたが、お嫁さんとの折り合いが悪く、絶縁状態になっていました。

足が不自由で、部屋の片付けや家事が十分にできないため、訪問介護を受けていました。ところが、介護スタッフをあからさまに見下し、誰が行ってもとにかく気に入らないのです。あの人はダメ、この人のこれはダメ、あの事業所はいや、この事業所はもっといや、とクレームの嵐。

SOSを受けて、ついに我が事業所、訪問介護「おひさまの笑顔」が担当することになったのです。どの事業所もお手上げの方ですので、もちろん私自身が、ケアマネさんとともにうかがいました。

Tさんは七〇代後半で、白髪を紫色に染め、いかにも高級そうなジャケットをはおった、とても上品な奥様でした。けれど、部屋の中は散らかり放題で、すぐさま尋問が始まったのです。

「私はすごくお金持ちなの。山ほど不動産があるのよ。柳ヶ瀬をこんなに華やかな町にしたのは、うちの主人よ。ここは、あなたたちが来るような場所じゃないのよ。皆さん、誇りを持って住んでいる町だから。あなたはどこの生まれ？　どんな経歴をお持ちなの？　家柄は？」

そのとき、ふと私の名札に目を留められたのです。

「あら、正村さん？」

Tさんは正村家をご存知だったようです。正村には、さまざまな事業で成功を収め、「商売の神様」と呼ばれた正村竹一のほかに、紙屋の創業者として知られる正村がいます。

いつの時代の話かわかりませんが、紙屋の正村は馬車を所有していて、地域のお年寄りや足の悪い人たちをよく乗せてあげていたようです。そんなことから、近隣の人々に尊敬されていました。私がヘルパーの研修を受けていたとき、名札を見て拝む方がいて驚かされたことがあります。

どの正村をご存知だったのかわかりませんが、その一族ということで、Tさんは私を受け入れる気になったようです。

私が部屋を片付けると、「まあ、きれいになったわ」とご満悦。他の事業所のスタッフと同じことをしているだけなのですが……。

はじめのうちは私が通い、馴染んでいただいたら、他の介護スタッフに引き継いでいくのが、うちのいつものパターンでした。

そんなある日、Tさんはお友達と温泉に出かけて転倒され、腰を痛めてしまわれたのです。息子さんから電話が入り、「おひさまの笑顔」で一時お預かりすることになりました。

一ヵ月後、すっかり腰の痛みがとれたTさんは、「このまま入居していてほしい」というご家族の懇願を振り切って、ご自宅に帰ろうとされました。ところが、このとき受けた健康診断で、末期ガンが判明したのです。余命三ヵ月でした。

この宣告を聞いて観念されたのか、「このままここにいさせてほしい」と、自らおっしゃったのです。もちろん、喜んでお引き受けしました。できるかぎりのことをさせていただこうと、お気持ちをうかがいました。

「これからどのように過ごされますか？　ご希望があればおっしゃってくださ い」

すると、にっこり笑って、意外なことをご希望になりました。

「柳ヶ瀬のビルは太陽の光がないでしょ？　私は真っ黒に日焼けして死んでいきたいの」

柳ヶ瀬は五階建てぐらいのビルがずらりと建ち並んでいるので、どこも日当たりが悪いのです。洗濯物を干そうとしても狭苦しい場所しかなく、たしかにおひさまを存分に浴びるのは難しかったでしょう。

それからは、お天気のよい日は、お昼ご飯も外で召し上がるようになり、朝食と夕食の時間以外は、中庭のお気に入りの場所で日光浴されるようになりました。

色白できゃしゃでおきれいな方でしたのに、どんどん日に焼けていきます。

「いいのですか？　そんなに焼けてしまって」

「いいの、いいの。私の人生でこれまでどうしてもできなかったことが、日焼けなんだから」

Tさんはまったく意に介さず、燦々と降り注ぐ陽光のなかにいるのが、楽しくてしかたがないご様子でした。

息子さんの奥様は、それまでの空白の時間を埋めるかのように、お子さんを連れて何度も会いに来られました。お孫さんの成長ぶりを、見せてあげたいと思われたのでしょう。でも、息子さんはわだかまりがとけないようで、いっこうに顔を見せませんでした。Tさんが本当に話をしたかったのは、息子さんでしたのに……。

「私がいくら電話しても、息子は来てくれないの。話したいことがあるから来てほしいと、あなたから伝えてくれない？」

私がお願いすると息子さんは渋々いらっしゃり、しばらくお部屋で二人きりでお話しされていました。

「十分に息子さんに思いを伝えられましたか？」

Tさんはちょっと心配そうでした。

「言いたいことは言ったけど、あの子ちゃんとわかったかしら。金庫のこととか判子のありかとか。しっかりやれるといいんだけど」

一方の息子さんは、久しぶりに会ったと思ったら、怒涛のように死後の手続きや財産の話をされて、大きなショックを受けられたようです。

「そんなことばっかり言わずに、もっとがんばって長生きしてほしいんだよ」

こう言い残して帰られました。

それから数日後、Tさんは昏睡状態に陥りました。その日は夕陽が美しく空が赤く染まっていたのに、突然大雨になったのです。ご家族が駆けつけ、息子さんやお孫さんが必死に呼びかけましたが、反応がありません。私も部屋に入って呼びかけました。

「Tさん、Tさん！」

すると、懸命に目を開けようとされましたが、かなわず、一筋の涙を流されました。かすかに口元が震え、「ありがとう」とおっしゃったような気がしました。

次の瞬間、息を引き取られたのです。

すると、嵐のように激しく吹き殴っていた雨がぴたりとやんで、ご来光のように日が差し、空が明るくなったのです。それまで経験したことのない、不思議なお天気でした。本当に神様が下りていらして、いいところに連れていかれたんだな、と思わずにはいられませんでした。

「ありがとうございました。ここに入っていなかったら、こんな別れ方はできなかったと思います。本当に感謝しています」

息子さんは、深々と頭を下げられました。

余命三ヵ月とわかってから、奥様とお子さんはよく会いに来られましたし、息子さんも最後には和解されました。悔いのないお別れの場を提供できて、私もとてもうれしく思いました。

その後、息子さんと奥様が、「おひさま」のことをいろんな方に話してくださったようです。ご夫妻の紹介で入居希望者がおみえになり、ありがたいかぎりです。


柳ヶ瀬のこのお二人のほかにも、買い物に出かけてはお金を払わず持ち帰ってしまうおじいちゃんや、遺産を巡るトラブルで自殺を図り精神病院に入れられてしまったおばあちゃんなど、他の施設では手にあまる方を次々にお引き受けしました。

夜中に駆けずり回ったり、脱走した方を追いかけたり、精神科にかけ合ったり、たいへんなことは多々ありました。でも、「おひさまの笑顔」に入居されると皆さん元気を取り戻し、笑顔になるのです。見学に来られた方たちが、その楽しそうな様子をご覧になって、入居をお決めになることも少なくありません。

こうして、周りの方々のお力添えもあり、「おひさまの笑顔」は一年で満室となったのです。

この年、岐阜市ユニバーサルデザイン賞を受賞しました。「ひだまりほーむ」さんが総力を結集して建ててくださったおかげと感謝しています。

旅館のような「おひさまの微笑み」

私は、コンサルティングの見本として、施設は「おひさまの笑顔（以後笑顔）」だけと考えていました。自分の思いどおりのホームができて、満足していたのです。

ところが入居待ちの方が増え、いつまでも待っていただくのも申し訳なく、新たな施設の設立を考え始めました。

誰だって自分の家がいちばんいいに決まっています。もし自宅じゃないとしたら、どんなところで余生を送りたいだろう？

私なら、旅館みたいなところで、おいしいご飯を食べてのんびり過ごしたいと思いました。

その思いを形にするため、かねてより親交のあった「ダイナ建築設計」さんを中心として、設計士さん、現場監督さん、電気技師さん、設備士さんなどに集まっていただき、「チーム微笑み」を立ち上げたのです。

私は「チーム微笑み」の皆さんとともに、ときには娘も連れて、熱海や伊豆、房総、箱根、高山、神戸、山形の銀山温泉など、日本中の何十軒もの旅館を見学して回りました。

構想が固まったところで、設計・管理を「ダイナ建築設計」さんにお願いし、ペンション風の「笑顔」とはテイストの異なる温泉旅館のイメージで、二つ目の住宅型有料老人ホームを建設することにしたのです。

「笑顔」設立から三年後の平成二八（二〇一六）年五月、「笑顔」のすぐそばに姉妹館として「おひさまの微笑み（以後微笑み）」がオープンしました。コンセプトは「生きている安らぎと、ゆとりの感じあえる家」です。

外観を見て、老人ホームと思う方はまずいないでしょう。暖簾をくぐって格子戸を開けると開放感いっぱいの吹き抜けの玄関になっており、畳敷きの広い廊下が食堂へとつながっています。

ちょっと珍しいのは、玄関の右側の壁に炭を敷き詰めていることです。上から清らかな井戸水が流れるようになっているのですが、いつのまにか苔が生え、緑の葉が何枚か出てきて、なかなか風情があります。

「笑顔」では、タンパク質補給と楽しみの一つとして、毎月一回、中庭にお客様が集まってバーベキューをしています。そのバーベキュー用にいただいた炭が、大きくて高品質なので、他に何か使い道がないかと思案し、炭の滝というアイディアにたどりついたのです。作家さんにお願いして、炭を組み立てていただいたところ、とてもユニークな炭の壁になりました。一つの芸術作品ですね。

炭には浄化・脱臭作用があるといわれています。館内の壁は、同じく浄化・調湿作用のある珪藻土を使っています。

お客様に親しみを感じていただけるように、私の友人に描いてもらったスタッフの似顔絵を壁に飾りました。自分の馴染みのスタッフの絵を見つけて喜ぶお客様もいらっしゃり、外部のお客様にも好評です。

畳を敷き詰めた廊下は、まさに旅館の雰囲気満載です。さらにオープンキッチンにして、お寿司屋さんのように、カウンター越しに板前が料理をするところが見えるようにしました。

私は、衣食住が大切で、人はこの三つに満足すれば幸せに暮らせるという考えを持っています。「微笑み」のお客様も、着る服があり、食事がおいしくて、住む場所がすてきだったら満足していただけるという考えのもと、「笑顔」同様、家具や調度品、置物などは凝りに凝って集めました。季節感を大切にして、置物や飾り物は季節ごとに入れ替えています。お客様にもご家族にも、目の保養をしていただきたいと念じています。

ご家族は、京都や大阪、東京など、遠方に住まわれている方も多く、週末にいらして泊まっていかれる方もいます。

「ここは老人ホームとは思えませんね。本当に旅館みたいですね」

と、皆さん喜んでくださいます。

「微笑み」は定員二〇名で、「笑顔」にはなかった夫婦部屋を三室作っています。そのうちの一室に、知的障害を持つ八八歳のお兄さんと、健常の八四歳の妹さんが入居されています。お二人は他の施設で暮らしながら、「微笑み」が建つのを待っていらっしゃったのです。ある意味、この方たちのために、夫婦部屋を作ったともいえます。

それまで、ずいぶん辛い思いをされてきたのでしょう。入居当初、妹さんは周りにいる人は皆敵とばかりに表情は険しく、なんでも悪意にとらえる傾向がありました。

根気よくお声がけをした結果、凍り付いた心が溶けてきたようで、今では少し表情もやわらかくなり、安らげる居場所が見つかったと思っていただけているようです。

お兄さんも、「妹さんのためにも長生きしてくださいね」という私どもの言葉が届いているようで、日増しに元気になり、表情も明るくなりました。

「微笑み」も、オープンした年に岐阜市ユニバーサルデザイン賞をいただきました。この後、二つの保育園を建てたのですが、どちらも「チーム微笑み」や「新東建設」さんの皆さんにたいへんお世話になり、深く感謝しています。

私は、起業したからには、経営者として常に安定した精神状態を保たなくてはいけないと思っています。私がいつも笑っていないと、お客様に不安を与えてしまいますし、スタッフもついてきてくれません。

今、私は一人暮らしをしており、ときには寂しいと感じることもありますが、お客様やスタッフの人生を背負っているのですから、雑念が入らない環境のなかで経営に専念しています。

新緑が美しい五月に「微笑み」を開業したのに続いて、同年七月には保育園「おひさまのゆりかご」、八月には障害者グループホーム「おひさまのこもれび」と矢継ぎ早にオープンしました。

私は経営者としての責任をまっとうし、介護という仕事に自分の人生を捧げる覚悟をしたのです。

一人の男性のために創設したグループホーム

障害者グループホーム「おひさまのこもれび（以後こもれび）」は、ある一人の男性のために作りました。

平成二二（二〇一〇）年、私は、地域で暮らす高齢者や障害者を支援するNPO法人の立ち上げに参加しました。そのNPO法人にはさまざまな分野の専門家が集まっており、それぞれ役割がありました。私は重度身体障害者の上野さんという男性の身元保証を担当することになったのです。

そのとき入院中だった上野さんが、退院後施設に移るときの保証人というわけです。

早速、上野さんに会いに行きました。

彼はベッドに横たわり、じっと天井を見つめていました。三八歳のとき、車を運転中に崖から落ち、首から下が麻痺してしまったのです。それから二〇年近く、障害者施設で、ひたすら天井をながめて暮らしていたのです。

長年寝たきりにされていたらしく、背中やお尻に骨まで見える褥瘡《じょくそう》ができていました。彼は首から下の感覚がまったくないので気づかず、太ももの肉を切り取って移植する手術を受けたのです。

介護施設では、褥瘡ができるまで放っておくことは絶対にありません。私は、彼を受け入れてくれる施設を精力的に探しました。

そして、ある厳しい現実に直面したのです。

障害者の場合は、知的障害者と精神障害者に力が注がれ、重度身体障害者は放置されていたのです。どこかの施設に入ったとしても、また寝たきりにされ、褥瘡ができ、という繰り返しになるのは、火を見るより明らかでした。

上野さんは首から上は極めて元気でした。口が達者でジョークも飛ばし、頭も切れるのです。障害を負う前は会社を経営していたというだけに、頭脳明晰で愉快な方でした。

こんなすばらしい方が、なぜずっと天井を見つめていなければならないのか。私は義憤に駆られ、上野さんにこう申し出たのです。

「私がサポートして、おひさまのスタッフを派遣しますから、思い切って一人で暮らしてみませんか?」

無謀と思う方もいるかもしれませんが、首から下が麻痺していても、腕の力はあり、手も動かせます。車椅子を使えば自力での移動も可能なはず。それまでの経験から、私は自信を持ってすすめました。

まずは知人の借家をバリアフリーにして、住める環境を整えました。上野さんは喜んでその家に移り、一人暮らしを始めたのです。

スタッフは、朝、昼、夜と見守りに入り、食事や入浴の支援を行いました。

ただ天井を見つめているだけだった牢獄のような日々から解放され、上野さんは生き生きしていました。健常者ならあたりまえのことが、彼にとっては一つひとつが感動的な出来事だったのです。

「誰にも怒られずに、イヤホンもせずに、好きなＤＶＤを観られるなんて」

「自分で携帯を買いに行けるなんて」

電動車椅子を操って、興味の赴くまま、どこへでも自由に外出していました。

私は一人暮らしを満喫する上野さんを見て、また彼が高齢になってきたこともあり、重度身体障害者グループホームの構想を練り始めました。かつて障害者へルパーをした経験を生かして、自立を支援するホームを作ろうと考えたのです。

私たちも、上野さんのようにいつ事故にあって身障者になるかわかりません。でも、そういうときに、入る施設がないのです。頭脳にはなんの問題もないのですから、ホームで共同生活を営みながらリハビリを続ければ、社会復帰もできるはずなのに――。上野さんはその可能性を大いに感じさせてくれました。

検討を重ね、平成二八（二〇一六）年夏、「微笑み」の中に併設する形で、定員五名の障害者グループホーム「こもれび」をスタートさせたのです。入居者第一号は、もちろん上野さんです。

そのとき彼は、四年間の一人暮らしを経て五九歳になっていました。「こもれび」に入居してもらってこれでひと安心と思った矢先、下血が始まり、大腸がんが発覚したのです。やはり感覚がないため気づかず、すでに全身に転移していました。半年も経たないうちに、上野さんは入退院を繰り返すようになったのです。

病院に見舞いに行ったとき、どんな死に方を望むのか、しっかり話し合いました。

「私は、普通にお通夜やお葬式をして送ってあげたい」

「死んだあとのことまでおれは知らんから、好きなようにやってくれ」

「最期はどこで迎えたいの？」

彼は即答しました。

『おひさま』で点滴やれるよな？　病院はいやだ。『おひさま』に帰りたい」

「おひさま」では看護師が常駐し、医師と連携してターミナルケアも行っていますので、私は彼を連れて帰りました。二週間ほどすると、彼は激しい痛みを訴えるようになりました。

「痛い、痛い。早く死にたい」

わずかに感覚が残っているところが痛み、苦しみ始めたのです。

その頃、彼は私を守るためにうちのスタッフを育てようとしたのか、私以外のスタッフにむやみに厳しく接していました。言葉遣いも乱暴で、ときには怒鳴りつけることもありました。

私はそんな彼を、こう諭したのです。

「上野さん、感謝がないと逝けないよ。何かしてもらったら一人ひとりに『ありがとう』と感謝しないと、導いてもらえないよ」

その翌日から、スタッフが次々に異変を訴えるようになりました。

「社長、上野さんが変です」

「どうしたの？」

「私のことを『きれいだね』とか、『ありがとう』って言うんです」

「いつも怒ってばかりいたのにほめるんです。なんだか気持ち悪いです」

「よかったじゃない。素直に喜んでいればいいのよ」

おべんちゃらやお世辞を言えとは言っていないのですが、彼なりの努力なのでしょう。ちょっとおかしくもあり、物悲しくもありました。

それから一週間後、上野さんは静かに旅立ちました。


こうして、「こもれび」の最初のお客様はあっけなく逝ってしまいましたが、現在、一〇代から五〇代の方まで、五人の男女が生き生きと共同生活を送っています。

ホームで自立に向けてリハビリをしながら、日中はデイサービスや障害者就労施設に通い、あとは自由に過ごされています。

交通事故で下半身不随になった一〇代の少年は、うちに移って好きなＡＫＢの曲を聴いたり、コミックを読んだりできるようになりました。本人も非常に喜んでいますが、お母さんも、笑ったり泣いたり彼の表情が豊かになったと、とても喜んでくださっています。

三つ子ちゃんのために作った保育園

「笑顔」は、スタッフの子連れ出勤ＯＫにしていました。赤ちゃんや幼児を抱えたお母さんたちにも、存分に働いてもらいたかったからです。ベビーベッドも置いていましたし、小さな子どもたちが、いつもにぎやかに遊びまわっていました。

ところがある日、スタッフの一人からこう打ち明けられたのです。

「社長、子どもができました」

「よかったね。おめでとう！」

「それが、三つ子らしいんです」

これはもういかん、託児所を作らなければ――。

それまでも、スタッフが泣く我が子に気をとられて、お客様への対応がおろそかになった例があり、対策を考えなければと漠然と考えてはいました。ちょうどいい機会なので、託児所の設立へと一気に歩を進めることにしました。

ずっと働いてもらうには、うちで保育をするしかないのですから、「おひさま」らしい夢のある保育園を建てようと決意したのです。

私は昔からムーミンが大好きでした。保育園なら、ムーミンの世界を再現したらどうだろう？　赤いとんがり屋根の家に、お父さんとムーミンが木の扉を開けてトコトコと入っていくイメージが浮かびました。

家族という温かい雰囲気の中で、子どもたちをはぐくみたいという思いがふくらみ、埼玉にあるムーミン村にも見学に行きました。そのときはまだテーマパークにはなっていなかったのですが、絵本の世界を彷彿とさせるムーミンの家が四～五軒建っていました。

「これこれ、こういうのを建てたいのよ」

この私の思いを結実させたのが「おひさまのゆりかご（以後ゆりかご）」です。平成二八（二〇一六）年七月に、「笑顔」「微笑み」の隣にオープンしました。まるで絵本の中から飛び出してきたような、可愛い外観。高い塔に、赤いとんがり屋根がちょこんと乗って、まさに私のイメージそのままのムーミンの家です。

天井や床には岐阜県産の天然木を使い、デイサービスを利用しているおばあちゃんたちが、天井にカラフルな飾りを貼ってくれました。スタッフが手分けして壁に珪藻土を塗り、次女や絵の上手なスタッフが、子どもの好きそうなキャラクターを描きました。小さな丸いのぞき窓や秘密の部屋、階段、滑り台など、子どもの遊び心をくすぐるしかけもあちこちに施しました。

「ゆりかご」と「笑顔」「微笑み」は、中庭を囲むように建っています。中庭の椅子に座ってのんびり日向ぼっこをするお客様、そのそばで子どもたちが遊んでいます。お客様は目を細めて話しかけたり、抱っこしたり。泣き声さえ可愛くてしかたがないようです。雨の日やイベントのある日は、子どもたちが「笑顔」や「微笑み」に遊びに行くこともしばしば。天気のよい日は、みんなで中庭に出て、一緒に歌をうたったり体操をしたり、散歩したりすることもあります。
世代を超えた触れ合いは、どちらにもよい影響を与えているようです。

三年後の平成三一（二〇一九）年春には、クマのプーさんの家をイメージした「おひさまのゆりかご2号館（以後2号館）」もオープンしました。
「ゆりかご」と「2号館」を合わせて定員は二六名。空きがあれば地域のお子さんも預かっています。週末も開けているので、「土・日だけお願いしたい」とか「明日預かっていただけませんか」などと、前日、突然電話がかかってくることもあります。

今は共働きのご家庭が多く、お母さんたちは仕事に家事に育児にてんてこまいです。少しでも私どもの保育園がお役に立てば、こんなにうれしいことはありません。できるだけのお手伝いをして、地域にも貢献したいと考えています。

かけがえのないスタッフたち

現在「おひさま」には、デイサービスや訪問介護のスタッフも合わせて、介護士、看護師、理学療法士、保育士、ケアマネ、事務、厨房、清掃、エステ、庁務など、一〇〇人を超える従業員がいます。皆さん、かけがえのない大切なスタッフです。

たいへんな仕事をお願いしているので、それぞれの事情を汲んでフレキシブルな勤務体制をとっています。

たとえば、「遅番の次の日は早番は辛いです」「中日に二日間休みたい」「〇曜日は大切な習い事があるので」などなど、できるかぎり要望に応えるようにしています。はつらつと働いてほしいからです。

平成二九（二〇一七）年七月には、心身を癒してもらおうと、エステサロン「おひさまのＳｏｌｅｉｌ（ソレイユ）」をオープンしました。一般の方にも開放していますが、従業員は一律二〇〇〇円で、熟練のエステティシャンの施術を受けられます。

　こうして、私がスタッフを大切に思い、一人ひとりの事情や働く意欲を尊重する姿勢を示すと、スタッフの仕事へのモチベーションが高まり、お客様により優しい対応ができるようになるでしょう。私を起点として、よりよい循環ができるように、いつも心がけています。

　今、介護職には、3K（キツイ・キタナイ・キケン）で薄給というマイナスイメージがつきまとっています。でも、このイメージが過去のものになるのは、そう遠い未来ではないと私は信じています。誇りを持って、介護の仕事をしている人も多くいるのです。「おひさま」では、感謝・感動・謙虚の3Kを目指しています。

　スタッフのがんばりのおかげで、「笑顔」も「微笑み」も地域の皆様の信頼を得て、入居をお待ちいただいている状況です。本当に感謝の言葉しかありません。

第五章　すべてのお客様に「感動と満足を」

優しく丁寧なお声がけで満足を

私は基本的には一平さんの理念を受け継ぎ、私なりの思いやアイディアを加味して、「おひさま」を経営しています。これまでの経験から、一平イズムこそ介護の王道だと信じているからです。

職員の採用時には、自分の信念を述べます。

「うちはいっさい鍵はかけていませんし、何があってもお客様本位です……どんなときも、自分だったら？　自分の親だったら？　と考えて働けますか？」

と尋ね、この理念に賛同する人を積極的に採用するようにしています。

最初に「給料いくらですか？」と聞く人は、多くの場合長続きしないので、採用は控えています。給料は結果についてくるものです。介護は優しい気持ちがないと続きませんし、職を転々とする人も難しいでしょう。一度お客様とかかわると、情が移り、なかなか辞められないものです。

私が最も大切にしていることは、その人がお年寄りに対して優しさや思いやりの気持ちを持っているかどうかということです。介護職では、優しさこそいちばんのスキルなのです。

毎月の全体会議のときにも、私はいつも次のような話をします。

「今お客様がどうしたいと思っていらっしゃるのか、どうすれば満足していただけるのか、常に念頭に置いて接するように。介護にマニュアルはありません。一人ひとりお人柄やご要望は違うのですから、それぞれの方に合った対応を心がけてください」

スタッフも人間ですから、いろいろな感情はあると思いますが、うまくコントロールして、職場では常にプロの介護士としてお客様に寄り添うこと。それが介護です。

「私たちは介護してあげているのではなく、介護させていただいているのです。その気持ちを忘れないように」

お客様には「感動と満足」を提供し、我々は「謙虚と感謝」を忘れない、というのが「おひさま」の基本理念です。

「一日中、誰とも話さなかったら寂しいよね。笑顔でちょっとお声がけするだけで、お客様は喜ばれます。『おはようございます』と挨拶するときも、軽く手を握って言うだけで、今日はいい日だと思っていただけます」

「一日中じっと座っていてごらん。それはそれは疲れるし、退屈するよ。積極的に散歩やドライブにお連れして」

私は、特別なことをしてほしい、と言っているのではありません。ほんの少しの気遣いや触れ合いが、お客様の満足につながると思うのです。

スタッフに約束してもらっていることがあります。

私に対して「できない、わからない、知らない」とは言わないこと。

できないと言ったらそこで終わってしまいます。できないならできるようにすればいい、わからないことや知らないことは調べたり、聞いたりすればいいのです。

スタッフが、これらの言葉を私や管理者に言い始めたら、疲れているサインです。少し休めるようにシフトを変えたり、全体会議で皆に語りかけ、本人自ら気づくように促します。

また、お客様が、「トイレに行きたいんだけど」とおっしゃったら、すぐにお連れするのが原則です。もし手いっぱいでも「待っててください」ではなく、「はい、わかりました」。自分だったら待てますか？「すぐに行きます」と言葉をおかけして、寂しい思いをさせたり、不安を与えたりしないことが大切です。このような言葉を自然に出せるのがプロです。

人間はすぐに忘れてしまうもの。諦めず、何度も何度も私の信念を繰り返し伝えるようにしています。

鍵はいらない

「おひさま」では、玄関に鍵はかけていません。私がこう言うと、たいていの方は、「エーッ！」と驚かれます。

「認知症の方が、勝手に出ていったりしませんか？」

「だいじょうぶです。目が届くように事務スタッフを多めに採用しています」

介護士は人数にかぎりがありますので、事務スタッフにも協力してもらい、皆でお客様の対応をさせていただいております。

もし認知症の方が出ていかれたら、スタッフが、

「どこに行かれるのですか？　私もちょうどそっちに用事があるんです」

とお客様を傷つけないようにお声がけして、まわりを一周して一緒に戻ります。

認知症だから何もわからないということは、決してありません。うれしいとか悲しいという感情は残っていますし、他人の優しさや怒りに敏感です。

その気持ちに寄り添うにはどうしたらいいかと考えたとき、この方法が最良と

の結論に達したのです。

そして、「おひさま」にはもう一人というか、もう一匹強力な助っ人がいます。ミニチュアシュナウザーのマー君です。

「笑顔」には、外出する元気のある認知症の方がかなりいらっしゃいます。

マー君の仕事は玄関先やソファにちょこんと座って、お客様を見守ることです。出かける方は、例外なくマー君に声をかけます。

「マー君、行ってくるね」

その声で事務スタッフが外出に気づく、という仕組みになっています。

最近は、アニマルセラピーが広く知られるようになりました。動物と触れ合うことによって、精神が安定し、意欲や活動性がアップするといわれています。たしかに、マー君をなでているお客様は、

一様にやわらかな笑みを浮かべていらっしゃいます。

「可愛いね～」

「ちゃんと仕事してえらいねぇ」

などと、楽しげに話しかけていらっしゃる方も少なくありません。なかには、

「マー君が生きがい」とおっしゃる方もいます。

やわらかな毛の感触や体のぬくもり、犬とのコミュニケーションは、何よりの癒しになるのですね。マー君は、認知症ケアに一役買っているのです。

このように、事務スタッフやマー君の活躍で、「おひさま」では出入り自由となっています。少し工夫を凝らせば介護はできると私は思っています。鍵はいりません。

板前の料理を五感で味わう

「笑顔」を作ったとき、お客様と調理を楽しもうと考えていました。喜んで野菜

や肉を切ってくださると思ったのです。

ところが、皆様こうおっしゃるのです。

「今までさんざんやってきたのに、なんで料理なんかしなくちゃいけないの？」

ああ、時代が変わってきたのだと痛感しました。そこで、お客様のニーズに合わせて板前を募集したのです。食事は大きな楽しみの一つ、元気の源でもありますから、プロを雇っておいしい食事を提供したいと思いました。

「笑顔」はみんなで調理することを前提にしていましたので、普通の家庭用のキッチンでしたが、さすがはプロの板前、てきぱきと調理してくれました。

「微笑み」を建てることになったとき、存分に腕を振るってもらえるように、本格的なキッチンを作ろうと考えました。

私はまたしても、あちこちの料亭やレストラン、ホテルを見て回りました。そして、お寿司屋さんのような、カウンター付きのオープンキッチンを設けたのです。

オープンキッチンにしたのは、料理をしているところを見たり、食欲をそそられる匂いをかいだり、野菜を切っている音を聞いたり、味だけではなく五感で楽しんでいただきたいと思ったからです。

ご飯にもこだわりました。釜戸炊きにしようと思い立ち、釜戸を見に、伊勢神宮内宮前のおかげ横丁にも足を運びました。

聞くところによると、日本には釜戸を作る職人さんは四人しかいないそうです。幸運にも、そのうちの一人で日本一といわれる職人さんが、手がけてくださいました。

その方が、二晩寝ないで釜戸を造ってくださったのには驚かされました。本当に頭が下がる思いがしました。おかげさまで、お焦げ付きのおいしいご飯を食べられるようになりました。お米は隣の田んぼでとれた無農薬米です。

「笑顔」や「微笑み」のお客様だけではなく、「ゆりかご」の子どもたちのお弁当も、このキッチンで作っています。

それぞれの嚥下能力に合わせて、粗きざみやきざみにしたり、とろみをつけたり、赤ちゃんは離乳食にしたりと、きめ細かにアレンジして食べやすくしています。

「おひさま」では、車椅子の方も食堂にお連れして、おしゃべりしながら、触れ合いながら、できたてをみんなで一緒に食べるようにしています。もちろん、スタッフも外部のお客様も同じメニューです。

料理店のように、その日のメニューを書いた立て看板を食堂に出していますので、今日は何が出ると一目でわかります。「あっ、今日は私の好きな栗ご飯」とか「お刺身だ」と、皆さん、楽しみにしてくださいます。

たとえば、九月のある日の昼食は「コロうどん　おはぎ　フルーツ」、夕食は「刺身サーモン　揚げ出し　五目豆」。また、一〇月のある日の昼食は「カレーうどん　栗ご飯　フルーツ」、夕食は「酢豚　蟹玉　胡瓜明太」という具合です。できるだけ季節を感じていただけるように、メニューも工夫しています。

優しい味付けが皆様に好評で、食べる楽しみをいつまでも持ち続けていただきたいと念じています。

終末期はお好きにどうぞ

私は介護にはマニュアルなどなく、その方に満足していただけることが、最高の介護だと思っています。ですので、特に終末期では、常識にとらわれず、できるかぎりその方のお好きなようにしていただいています。そうすると、意外に元気を取り戻されることも少なくありません。

最近、こんな例がありました。

九〇歳を過ぎた女性のお客様ですが、食事がとれなくなり、医師から「もうそろそろでしょう」と言い渡されてしまいました。こんなときは脱水を防ぐために、看護師は点滴を打とうとしますが、介護士目線では口から飲んでいただくのがいちばんです。

「あの方、どんな飲み物がお好きだったかな？　最後にお好きなものを飲んだり食べたりしていただいたほうがいいよ」

スタッフがお尋ねしたところ、なんとお返事は「コーラを飲んでみたい」だったのです。ふだんは「お茶をいただきます」と上品な物腰、しかも九〇歳過ぎの方がコーラ好きとは誰も思わなくてびっくりしましたが、すぐにコーラをお出ししました。

それまで何も食べられず飲まれなかった方が一気飲みされ、一本では足りなかったのです。

「じゃあケース買いしましょう！」

と、一日に二本ぐらいお飲みいただいたところ、食事もとれるほどまで回復されました。奇跡がまた起きたのです。

それからも、その方はどんどんコーラを飲み続け、今もお元気です。

コーラを飲んでいなかったら、きっとそのまま最期を迎えていらっしゃったでしょう。あれはダメ、これはダメと制限するのではなく、ご本人のご自由にしていただいたらいいのではないでしょうか。

もう一つ、こんな例もありました。

とても礼儀正しく紳士的な九五歳のお客様。奥様は他界されていましたが、お元気に過ごされていました。ところが、ここ数ヵ月の間に手が動かなくなってしまったのです。脳梗塞を疑って病院で検査してもらいましたが、原因はわかりません。そこで、もっと詳しい検査を受けたほうがいいのではないかと、娘さんと相談中でした。

この方の場合、いちばんの問題は好き嫌いが激しくて食事を残されることが多く、かなりやせてしまわれたことでした。なんとか食べてさえいただければと気をもんでいたところ、看護師のこんな言葉が耳に入ったのです。

「食事は全量摂取ですね」

「エッ？　どういうこと？」

よく聞いてみると、なんとその方は、若い女性スタッフが食事の介助をすると、「おいしい、おいしい」とおっしゃって、嫌いなものも残さず召し上がるというではありませんか。男性スタッフだと、「これいらん、あれいらん」と、口を開けないのです。

娘さんにお話しすると、「父も男性だったんだ」と苦笑いされました。

一般には、自分で食べるように促すのではないでしょうか。本人のためになりませんから。

でも、もう九五歳の方ですし、私はノープロブレムだと思っています。手が動かせないという問題は残っていますが、若い女性に介助してもらうのがうれしくて、全部食べられるのなら、それでOKです。

九五歳にして、新たな楽しみを見つけられたのですから、逆に喜ばしいことではないでしょうか。

しばらくするとその方の体重はすっかり元に戻り、いっそうお元気になられました。

女優になったつもりで介護を

私は、介護は実に面白い仕事だと思っています。お年寄り一人ひとりに異なる歴史があり、その方のお話を傾聴するだけで、社会について、人生について、たくさんのことを学べます。また、仕事や家族、ライフワーク、趣味など、その方の人生のプロフィールを理解すれば、どう接したら喜んでいただけるか、自然にわかってきます。

女優になったつもりで、その方の自尊心を傷つけないようにお声がけをすると、いつも気持ちよく過ごしていただけます。寄り添うということは、そういうことではないでしょうか。

たとえば、認知症があり、お風呂嫌いのNさんの場合、「お風呂に行きましょう」とお誘いしても「いやだ」と抵抗して、ベッドから出ようとされません。とにかく、何もかも面倒くさくてベッドで寝そべっていたいようです。でも、なんとか起きていただかなくてはなりません。

そこで私は秘書になって、お声がけしました。Nさんはかつては会社の社長さんだったのです。

「社長、そろそろお時間ですよ」

「そうか」

「では行きましょう」

私は手をつないで、Nさんを風呂場にお連れします。本当の秘書は手をつないだりしませんけれど。

一歩部屋から出ると、もう観念されるのか、あとはスムーズに進みます。

風呂場に着くと、担当スタッフにバトンタッチです。

「行ってらっしゃいませ」

私は深々と頭を下げてお見送りをします。

ときには、孫になることもあります。

このように、介護をする側が機転をきかせて、さりげない配慮をしたいものです。気難しい方が心を開いてくださったとき、笑顔を見せてくださったときは、本当にうれしいものです。

介護の仕事は、新鮮な驚きや発見に満ちています。日々学ばせていただき、興味が尽きることはありません。私はこの仕事を天職だと思っています。

最期の瞬間まで人間らしく生きて「楽しい人生だったわ」と笑顔で旅立っていただくのが、私の最大の目標です。そのための努力を惜しまず続けていきたいと思っています。

本物の介護の時代

本物の介護といっても、特別なことをしなければならない、ということではありません。やさしい気持ちで、敬意をこめて人生の大先輩に接すること——。それが私の考える本物の介護です。

医療では治せないことも、本物の介護で治せることはかなりあります。たとえば、認知症はいい薬が開発されていますが、それを飲むだけでは効果はわかりません。

認知症では、物盗られ妄想、徘徊、幻覚・幻聴、怒りっぽい、食べたことをすぐに忘れる、などの症状がよく見られます。

これらのどの症状にも効く、魔法の言葉があります。

「だいじょうぶですよ」

「ここは安心ですよ」

「何も心配いりません」

「一人ではありません。私がいつもそばにいます」

認知症の方は何らかのストレスを抱えていて、不安が強いのですから、安心を提供していくことが先決です。このようなお声がけを欠かさないようにすると、不安が消えて皆さん表情が明るくなります。こうなってこそ、薬も効いてくるのではないでしょうか。

ご家庭でも、ご家族が認知症かも？　と思われたら、「何やってるの！」とか「何回言えばわかるの！」と叱りつけたりするのではなく、辛抱強く傾聴して、共感を示してあげてください。

「なるほど。そうだったんだ」

「へえー、それはすごいね」

「ほんと〜、たいへんだったね」

私の友人は、認知症のお義母さんから毎日のようにかかってくる電話にノイローゼぎみでしたが、この方法を実践したところ、ぴたりと電話が止まったそうです。

逆に、「あんただけよ。私の気持ちをわかってくれるのは」とお義母さんから感謝されたと、大喜びでした。

介護の持つ共感的な言葉や寄り添う姿勢が、大切なのです。


前に述べた知的障害のお兄さんも、この夏、顔に生気がなくなり、食欲も失せ、余命いくばくもない状態になってしまいました。医療では手の施しようがありません。

お兄さんが亡くなると、妹さんは独りぼっちになってしまいます。

そこで、私はお兄さんの手を握って励ましました。

「お兄さんがいなければ、妹さんは寂しくなるわ。Eちゃんのこと好きでしょう？　がんばって長生きして」

するると、「わかった」と一言。数日後の晴天の日、「外に連れていって」とおっしゃるので、スタッフが車椅子で散歩に連れ出しました。陽光をたっぷり浴びておひさまのエネルギーをもらったのでしょう。帰ってきたときのお兄さんの顔つきが違っていました。それから少しずつ食べられるようになり、元気を取り戻されました。

ところが、それから四ヵ月が過ぎた頃、残念ながら危篤状態に陥ったのです。往診に来たドクターに「あと一～二時間でしょう」と言われてしまいました。

このときも、不思議なことが起こりました。

「脈がとれなくなりました」

看護師のこの言葉を聞いて、妹さんが枕元で叫びました。

「お兄ちゃん、死んじゃダメ！　逝かないで！」

すると、脈が戻ってきたのです。うん、うんとお兄さんがかすかにうなずきます。スタッフも口々に「お兄さん、妹さん残して逝っちゃダメ」と、声をかけました。

それから二時間ほど経つと、また脈がとれなくなりました。

「お兄ちゃん。ダメよ、戻ってきて！」

驚いたことに、妹さんの声かけにまたもや反応が――。二回も、お兄さんは戻ってきたのです。

次に脈がなくなったとき、妹さんは静かに言いました。

「お兄ちゃん、もういいよ。お母さんたちのところに逝きな」

それを聞いて安心されたのでしょうか。お兄さんはもう戻ってくることはありませんでした。

知的障害があっても、お兄さんは妹さんのために懸命に生きていらっしゃったのです。感動的な最期でした。


このように、言葉の力、介護の力は無限大です。

これまでは、ドクターがいて看護師がいて、その下に介護があるという位置づけでしたが、私は介護から医療に伝えることもたくさんあると思っています。

提携しているドクターが施設に見えたとき、看護師が一緒に回ると「頭が痛いそうです」「風邪ぎみのようです」「おなかが張ると言われるんですが」などと報告します。するといつの間にか薬が増えて、たいへんな量になっていることがあります。高齢になるにつれ解毒作用が衰えますので、薬が体内にたまり、その副作用によって体調が悪くなることがしばしばあります。

降圧剤やインスリンなど、ある種の薬は飲み続けなくてはしかたがないのでしょうが、頭痛薬などは症状が治まったら飲むのをやめてもいいはずです。ですので、私がドクターと回るときは、お客様の薬のファイルを常に携えています。

「先生、この方は胃腸薬が出ていますが、今はよくなりました」

「もう、鼻水は止まったとおっしゃっています」

というふうに回復したことを伝えるので、どんどん薬は減っていきます。

看護師はドクターの指示によって動くお仕事ですが、介護士はお客様の言葉によって動きます。お客様の立場に立って、ドクターに訴えることができるのです。そのプロを増やしていくのが、私の今後の課題です。

また、看護師と介護士は、同じ症状でも、見る角度が違います。看護師目線では病気とされてしまうことも、介護士目線では、日頃の生活習慣や食生活の見直し、優しい言葉がけなどで改善できるケースが多々あります。

たとえば便秘になると、医療では下剤を出すだけです。一方、介護ではまず牛乳やヨーグルト、バナナなどの食事で調整し、水分を多めに補給したり、軽い運動を促したりします。

医療に頼るのもいいですが、介護の魔法の言葉の力で治していくのが私どもの目標です。

これからは介護の時代だと私は確信しています。国もようやく在宅介護に目を向けるようになりました。

孤独死や認知症の急激な増加が社会問題になっていますが、お年寄りに優しい、質のよい介護を行うことが、皆さんの不安をやわらげるのではないでしょうか。

ところが今、介護職の人手不足が深刻になっています。やってみようかと思っている方は少なくないでしょう。でも、自分にできるかどうかわからないので、不安だったり怖かったりして、はじめの一歩を踏み出せないようです。

介護職が務まるかどうか悩んでいる方、マニュアルはありません。あなたの優しい気持ちをお伝えするお仕事です。その気持ちさえあれば、現場でのスキルはあとからいくらでも身につけられます。

もし自分だったら？　と考えて仕事をすれば「ありがとう」という温かいお言葉が返ってきます。

こんなに尊い職業はありません。思いきって飛び込んできてください！　私たちはいつでも両手を広げてお待ちしています。

介護は楽しい――。心からそう思う毎日です。

そして、ご家族の介護に悩んでいる方、介護のプロに任せましょう!!

一生懸命に生きてこの国の発展に力を尽くした方々に、感謝を返していきましょう。そうすれば、感謝は感謝を生んで、次世代の子どもたちや孫たちが安心して生きられる社会がきっと来るでしょう。

介護の力で、老いるのは、怖いことでも寂しいことでもなく、楽しいことだと思える未来を作っていきたいものです。

エピローグ

「あそこはもっと森にしろ。ジャングルにしろ」

一平さんらしいアドバイスに、私は思わず笑ってしまいました。

「笑顔」の斜め向かいにある四階建てのビルを買い取って、介護施設にリノベーションすることになったのです。

友人のお父様が脳梗塞で倒れ、入居を希望されているのですが、「笑顔」も「微笑み」も満室で六〇人待ち。これはいかん、新しい施設を作らねば、というわけです。

そのビルの玄関横には、大きなシンボルツリーがそびえ立っています。天高く枝を広げ、いかにも気持ちよさそうに青々とした葉を揺らしています。鳥たちもたくさん飛び交い、さえずっています。

ここが「たいようの杜」のようにジャングルになったところを想像すると、わくわくします。そこで、新たな施設の名前は「おひさまの杜」としました。

このビルは、かつては貸衣装屋さんでした。昭和六三（一九八八）年、バブルの頃に贅を尽くして建てられたのです。

実は私は、この貸衣装屋さんとは、深いご縁があるのです。名古屋から岐阜に嫁いできたとき、ここの方だけが私を宇宙人扱いせず、一女性として丁寧に対応してくださったのです。「こんな田舎に嫁いでくださるのだから」と、白無垢も打ちかけもドレスも、私に合わせてすべて新調したうえ、破格の値段で貸してくださいました。どれほどうれしかったことでしょう。どれだけ感謝したことでしょう!!

今でこそ、近隣の方たちも「直ちゃん、直ちゃん」と気軽に声をかけてくださり、親しくしていただいていますが、新婚当初はなじめなくて本当に辛い思いをしたものです。そんななか、優しく親切にしていただいたご恩は忘れられません。

貸衣装屋さんの思いのこもった建物を使わせていただくのは、私にとってこのうえない喜びです。

「おひさまの杜」は、令和二（二〇二〇）年夏、オープン予定です。続いて、ひるがの高原に「おひさまの大地」を立ち上げ、有料とグループホームを開業する予定です。

ひるがの高原は岐阜県郡上市の北西部にあり、白山や別山を望める風光明媚な別荘地です。雪深い土地だからこそ南国のイメージで、コンセプトはバリ島のリゾートホテル風です。今、少しずつ準備を進めています。

私の介護道はまだ道半ばです。いつも優しく応援してくれている夫、住宅メーカーのトップセールスを記録し、営業センス抜群の長女、看護師のスキルと優しい心遣いで私を助けてくれている次女。そして私の大切なスタッフとともに、「おひさま」の介護にかける想いをもっと多くの方に伝えるために、これからも私らしく突き進んでいきたいと思います。

おわりに

私に本物の介護の在り方を教えてくださった吉田一平様をはじめ、これまで私がお世話になったすべての皆様に厚くお礼申し上げます。

これからもご指導のほど、よろしくお願いいたします。


そして最愛の娘たちへ。

あなたたちは私の心の支えです。

今生では、私は、高齢の方や障害をお持ちの方、乳幼児を抱えて奮闘されているお母さんやお父さんに全身全霊で寄り添っているため、いつもあなたたちのそばにいるわけにはいきませんでした。

生まれ変わったら、私はまたあなたたちの母親になって、今度はずっとそばにいたい。あなたたちが帰宅したら「お帰り」と笑顔で迎え、楽しくおしゃべりしながら手作りのご飯を一緒に食べたい。そんな愛情いっぱいのやさしい母親でありたいと思っています。

ちょっと寂しい思いをさせたかもしれませんが、これからもよろしく！

著者プロフィール

正村　直美（まさむら　なおみ）

名古屋市出身。1987年４月、愛知県長久手市の特別養護老人ホーム「愛知たいようの杜」に寮母として就職。結婚後は盛岡のグループホームや岐阜県の老人ホームに勤務し、30年あまり高齢者福祉に携わる。2012年６月、「株式会社ハートコンサルタント」を創設。「おひさまの笑顔」「おひさまの微笑み」「おひさまの杜」「おひさまのこもれび」「おひさまのゆりかご」など多様な福祉施設を展開。高齢者、障害者、働くお母さん、幼い子どもたちに寄り添い、日夜奮闘中。

愛してる介護

2020年８月15日　初版第１刷発行
2023年11月５日　初版第２刷発行

著　者　正村 直美
発行者　瓜谷 綱延
発行所　株式会社文芸社
〒160-0022　東京都新宿区新宿1－10－1
電話　03-5369-3060（代表）
03-5369-2299（販売）

印刷所　株式会社フクイン

ISBN978-4-286-21451-1